当代经济学系列丛书
Contemporary Economics Series

陈昕 主编

当代经济学译库

Joel Slemrod, Christian Gillitzer

Tax Systems

税制分析

[美] 乔尔·斯莱姆罗德 克里斯汀·吉里泽尔 著

李建军 岳媛媛 刘元生 等 译

格致出版社
上海三联书店
上海人民出版社

主编的话

上世纪 80 年代，为了全面地、系统地反映当代经济学的全貌及其进程，总结与挖掘当代经济学已有的和潜在的成果，展示当代经济学新的发展方向，我们决定出版“当代经济学系列丛书”。

“当代经济学系列丛书”是大型的、高层次的、综合性的经济学术理论丛书。它包括三个子系列：(1) 当代经济学文库；(2) 当代经济学译库；(3) 当代经济学教学参考书系。本丛书在学科领域方面，不仅着眼于各传统经济学科的新成果，更注重经济学前沿学科、边缘学科和综合学科的新成就；在选题的采择上，广泛联系海内外学者，努力开掘学术功力深厚、思想新颖独到、作品水平拔尖的著作。“文库”力求达到中国经济学界当前的最高水平；“译库”翻译当代经济学的名人名著；“教学参考书系”主要出版国内外著名高等院校最新的经济学通用教材。

20 多年过去了，本丛书先后出版了 200 多种著作，在很大程度上推动了中国经济学的现代化和国际标准化。这主要体现在两个方面：一是从研究范围、研究内容、研究方法、分析技术等方面完成了中国经济学从传统向现代的转轨；二是培养了整整一代青年经济学人，如今他们大都成长为中国第一线的经济学家，活跃在国内外的学术舞台上。

为了进一步推动中国经济学的发展，我们将继续引进翻译出版国际上经济学的最新研究成果，加强中国经济学家与世界各国经济学家之间的交流；同时，我们更鼓励中国经济学家创建自己的理论体系，在自主的理论框架内消化和吸收世界上最优秀的理论成果，并把它放到中国经济改革发展的实践中进行筛选和检验，进而寻找属于中国的又面向未来世界的经济制度和经济理论，使中国经济学真正立足于世界经济学之林。

我们渴望经济学家支持我们的追求；我们和经济学家一起瞻望中国经济学的未来。

陈昕

2014年1月1日

译者序

良好的税制是经济增长和稳定、社会公平正义、个人和社会发展的重要保障。但是,若税制设置不当,税收却又会阻遏经济社会发展,甚至造成社会动荡和混乱。良好税制的建立需要税收理论的指导,然而以标准的最优税收模型为代表的税收理论,大多是基于税收可以无成本、完全征纳的假设,聚焦于税率和税基问题,虽然在理论上显得简洁和精美,但是其在现实解释力和指导性上存在着显著局限。

与基于标准税收模型的研究不同,由乔尔·斯莱姆罗德(Joel Slemrod)教授和克里斯汀·吉里泽尔(Christian Gillitzer)博士所著的《税制分析》,采用系统反映税制构成的税制分析法进行研究,极大地增强了研究的现实解释力和指导性。本书的主要特色表现在:其一,在研究税收时,不单考虑税率、税基等税制要素,同时探究税收缴纳方式、信息报告、审计及处罚等税制工具在税制运行的重要性和作用,并特别关注纳税人的税收遵从行为反应(如逃税和避税)。其二,本书兼备理论分析、方法论和实证述评,例如,对逃税避税行为模型、存在管理成本的最优税收、应税收入弹性等理论分析,对前沿方法论诸如"逃税痕迹"法、随机田野实验、断点(notches)等的介绍。其三,书中作者对研究涉及的重要税收文献进行了系统的总结和评述，并且还特别指出值得未来进一步研究的问题，如信息、隐私和税收管辖等，这使本书可以为研究者的税收研究提供指引。

中国改革开放经历40年，创造了经济社会发展的中国奇迹。税收制度的不断改革、与时俱进，是推动过去40年中国经济社会发展重要力量，同样也是推动今后中国经济社会不可或缺的重要力量。持续推进税制改革，使税收制度持续助力于经济社会发展、国家治理完善、人民福祉提升，需要税收理论和政策研究的不断进步与拓新。当前，我国处于建立现代税收制度的关键时期、税制改革密集期，基于公平收入分配和改善政府治理的需要，提高税制结构中的直接税占比、降低间接税占比成为税制改革的方向，这意味着今后直接对个人和家庭所征税收的比重会逐步提高，这对税制设计和征管提出了更高要求。由此，本书中作者提出的超越标准税收模型、系统考察税率、税基和税收征管诸方面的税制分析法，对我国的税制研究和设计更具参考价值。

本书由西南财经大学财政税务学院教师李建军、刘元生，研究生田甜、王冰洁、王瑶、朱彦臻，以及四川财经职业学院财税金融系教师岳媛媛合作翻译。本书的翻译出版得到西南财经大学"中央高校基本科研业务费专项资金"(JBK18202021)的资助。译者感谢格致出版社钱敏、程倩编辑在本书编校出版中所做的大量工作。还要感谢密歇根大学乔尔·斯莱姆罗德教授和王轩博士，上海交通大学国际与公共事务学院魏陆副教授在本书的翻译出版中给予的帮助。

译　者

致谢

2008年10月，斯莱姆罗德(Slemrod)教授在哥本哈根大学塞乌滕系列讲座讲学。该系列讲座始于1996年，是为了纪念著名的丹麦经济学教授弗雷德里克·塞乌滕(Frederik Zethen)，他自1930年到1958年在哥本哈根大学任教。塞乌滕讲座为杰出学者提供了一个发展和总结理论经济学与应用经济学新成果的论坛。讲座致力于用一种易于理解的方式向广大经济学家和经济学专业的研究生呈现本领域知识的发展。讲座主题涵盖的范围是从抽象理论到经济史。无论主题为何，这一系列讲座的重点在于创新性和应用性。作为系列讲座之一，斯莱姆罗德就税收制度专题讲授公开课。

塞乌滕讲席课程授课者获得由麻省理工大学出版社出版基于公开课主题的专著出版机会。斯莱姆罗德教授与密歇根大学杰出的经济学专业博士克里斯汀·吉里泽尔(Christian Gillitzer)展开合作，克里斯汀在税收研究生课程中出类拔萃，该课程内容是本书的基础。他们密切合作将讲座的内容扩展成为现在呈现的这本书。

我们要向以下人员表示感谢。首先要感谢的是麻省理工大学出版社的编辑 Jane MacDonald 耐心且坚持不懈地询问该书的状况。接下来要感谢密歇根大学的研究生们在过去的这些年里在斯莱姆罗德教授的税收课程上的讨论。我们非常感谢那些阅读了部分或全部草稿并提出改进意见和建议的人：James Alm、James R. Hines Jr.、Claus T. Kreiner、Wojciech Kopczuk、Emmanuel Saez、Agnar Sandmo、Steven M. Sheffrin、Shlomo Yitzhaki，特别要感谢 Louis Kaplow 对整篇原稿做出的大量评论。特别感谢密歇根大学的经济学研究生 Yulia Paramanova 核对数学方面的内容，税收政策研究所的项目管理者 Mary Ceccanese 用她高效的方式编辑文本、准备出版事宜。斯莱姆罗德教授还要特别感谢多年来和他一起研究本书所涉及的相关问题的同仁，坦白地讲本书中许多想法和见解与这些同事密不可分，甚至源于他们。还要特别感谢与斯莱姆罗德教授长期合作的 Shlomo Yitzhaki，自 1975 年哈佛大学的研究生院以来一直持续到今天几乎没有中断。斯莱姆罗德教授也要感谢 Martin Feidstein，还有 Osward Brownlee、Roger Gordon、Louis Kaplow、Wojciech Kopczuk，以及这些年来让他获益良多的诸多其他人。

目　录

主编的话
译者序
致谢

CONTENTS

第Ⅰ部分　引言

1　稅制分析的需要　3
- 1.1　税收现象　3
- 1.2　现代税收理论及局限　4
- 1.3　关于税收制度　5
- 1.4　什么是税收制度　9
- 1.5　本书的组织结构与目的　11

2　标准的最优税收模型　13
- 2.1　前言　13
- 2.2　权威的最优税收模型　14
- 2.3　最优商品税　16
- 2.4　最优线性所得税　18

第Ⅱ部分　税制构成

3　多重行为领域　23
- 3.1　逃税理论　23
- 3.2　逃税的实证分析　32
- 3.3　避税　48

4　成本的多个来源　63
- 4.1　行政成本　63
- 4.2　遵从成本　68

5　税基弹性　72
- 5.1　应税收入的弹性　72
- 5.2　应用应税收入弹性的问题　75
- 5.3　经验估计和识别问题　80
- 5.4　实证工作的经验　81

6 多样化的税制工具 84
6.1 代扣代缴、税收缴款义务及企业的作用 84
6.2 信息报告 90
6.3 依靠市场交易 92
6.4 其他基于信息的税制工具 94
6.5 审计和惩罚 96
6.6 多种工具的计量经济学 98
6.7 税制变化可以解释税收水平和实际人均收入之间的跨国显著正向关系吗? 99

第Ⅲ部分 最优税收制度

7 一般模型 105
7.1 多种税收工具 105
7.2 异质性纳税人 107
7.3 横向公平 109
8 标准工具的新成本 111
8.1 具有遵从成本的商品税 111
8.2 最优所得税的实施 117
8.3 异质性避税行为的再分配效应 122
9 内生弹性 126
9.1 最优弹性 126
9.2 修补奥肯漏桶 130
10 最优可观测性和复杂性 133
10.1 可观测性 133
10.2 复杂性 137
11 断点和最优界线的确定 145
11.1 商品特性 145
11.2 断点 147
11.3 替代税基、断点和行为弹性 152

第Ⅳ部分 未来方向及结语

12 未来方向 159
12.1 信息技术的作用 159
12.2 隐私 163
12.3 多个司法辖区的作用 165
12.4 税收制度的经验 169
13 结语 171

参考文献 174

第Ⅰ部分

引　言

1

税制分析的需要

1.1 税收现象

- 一种新型机动三轮车后面装有长凳最多可容纳 8 名乘客；还有一种重新设计的小型货车装了玻璃窗，但后面没有使用木板和软座，这都是为了避免高额的汽车税。
- 对餐馆来说，所得税并不是基于所得额，而是根据座位尺寸和餐桌数量而定。
- 对规模低于一定值的小规模企业，使用简化的税收规则，或者根本不征税。
- 美国国内收入局（IRS）官员在一次国会拨款委员会（congressional appropriations committee）的会前证实，预算每增加 1 美元会产生额外 7.30 美元的税收收入，因此会降低而不是增加财政赤字。
- 税收专家宣称增值税具有行政管理者梦寐以求的自我执行机制，却认为在公平性和扭曲性的一般标准下，教科书上与增值税等同的零售税是不可行的。
- 在美国，个体经营者只尽到了他们真实纳税义务的 43%，而工薪阶层则尽到了 99%的纳税义务。
- 美国公司在波多黎各的电子、药物、奢侈品生产领域进行了大量的直接投资，不仅是考虑该地的比较优势。

很多人觉得税收是一个令人着迷的主题，原因之一在于它反映了人类多方面的特质。一是人们的聪明才智，比如人们千方百计地避税，有时甚至逃税。还有人们对税务机构持不同态度，有人想到欠税是一种不屑的态度，而另一些人则把纳税当作是公民的责任，认为诚信的人不应该逃避责任。对经济学家而言，税收的迷人之处以及重要性在于，它影响现代经济的方方面面。税收改变了人们工作、储蓄、投资、遗赠、购房等行为的回报，改变了慈善、吸烟、进行基础研究的成本；它也影响了人们对宗教信仰、结婚时点、出生，甚至死亡的选择；它诱使一些人违法，同时也使其他人揭发有违法嫌疑的人。一些人花费大量的时间和金钱来学习税收规则的细节，从而可以利用法律的漏洞；然而，其他人却知之甚少，他们放弃了本应享有的税收优惠，基于误读或未知的税收激励作决策。税收体系通过影响个人和公司的选择，最终影响国民收入的整体水平和增长状况。通过税收负担的累进程度，可以影响社会福利的分配。通过税收的征收，可为公共物品和社会保险提供资金，以改善个人福利。

实际情况和税法的细节之间存在着冲突让人头昏脑涨，这愈加激起了人们的兴趣。正是一些平常的事情揭示了政府的权限这一深刻问题，比如，献血者是否能将购买生活用品的成本作为经营成本扣除。在民主制下，选民的想法也会有冲突，结果争论变得模式化和简单化（甚至是歪曲或模糊的），这些问题的解决最终采取了如同清洁剂的营销者使用的做法——通过包装造成人们认知的偏差和走捷径。

1.2 现代税收理论及局限

从 20 世纪 70 年代早期开始，现代规范税收理论被称为著名的最优税收理论立足于严格的计算，取代了那些关于何为更优税收的模糊论证，这些模糊的论证不利于理论的发展。最优税收理论是一个简练的理论框架，使得经济学家能够在严格的限定条件下分析何种税制体系能最好地实现明确的目标。比如说，Diamond 和 Mirrlees（1971）提出，一次性课税的缺位会使得收入增长扭曲，但是在一些条件下次优选择也总具有生产效率特征：消费的货物和服务应该以社会成本最小化的方式进行生产(或获得,当进口存在时)。这一理论为最优税收理论作出了基础的贡献。第二个例子是,通常来说,所有课税商品的征税方式应当有所差别,也就是说,只有在极其严格的假设下统一商品税才是最优选择。

最优税收理论严谨的研究方法极大促进了知识的进步,但是和其他经济学模型一样,标准的最优税收模型必须模式化,并且从实际中抽象出来。标准的最优税收模型也存在着一些明显的局限性[①]:

- 很少考虑税收行政成本和税收遵从成本。
- 关注点是税率,在有效程度内关注税基,而没有考虑其他的税制工具,比如征税手段。
- 关注人们对税收的所谓真实行为反应,而对避税和偷逃税行为未加关注。
- 认识到了政府和公民之间信息不对称的核心作用,但对关于哪些信息可以无成本测量,哪些信息不可测量作出了极端的假设。
- 公司没有发挥重要的作用。
- 没有关注税收缴款的细节。
- 假设公民都可以理解税收制度并对其做出理性的反应,这意味着政府完全不能操纵公民的认知。

诚然,一些研究已经探讨过单个或多个以上的问题。此外,对税收研究中的一些问题而言,这些局限并不重要,也不会引起严重的误导。但是对税收中的大多数问题而言,它们起着决定性的作用。

1.3 关于税收制度

为了探讨许多重要的税收政策问题(包括在本章开头提到的那些税收现象),作为本书的前提,税收分析必须超越标准税收模型的框架进行研究。这种略有不同的方法我们称之为税制研究法(tax-systems approach)[②],其所关注的内容远超过最优税基(例如,收入或消费)、与税基相适应的最优税率。同时,该分析方法还关注的问题有:税务局应该对纳税申报的哪个部分进行审计，怎样选择要进行审计的纳税申报，对发现的偷逃税行为采取何种处罚方式；零售税应该由消费者还是零售商缴纳，劳动所得税应该由雇主还是由雇员向税务机关缴纳；选择哪种折中的方式来实现理想的税基（在不考虑偷逃税的情况下），比如对资本利得征税时依据收付实现制而不是权责发生制，对住宅所有者自用自有房产的推算收入征税或不征税，计算税收时使用法定折旧时间表而不是资产价值真实的折旧，诸如此类。

因为注意到人们总是在违法，故税制研究法十分重视偷逃税。谋杀、偷盗、敲诈、欺骗、违约、吸食大麻，这些行为有的是暴力犯罪，有的则不是；有的犯罪以金钱为目的，另一些则不是。有的有明显的犯罪行为，有的没有对他人造成肉体上的损伤却对他人的情感、精神、宗教信仰造成了伤害。由于对法律的不熟悉和法律的不确定，有的人从来没有想过故意违法但最终却发生了违法行为。鉴于此，有人在税收问题上弄虚作假不足为奇。虽然偷税漏税不是暴力犯罪，也没有有形的、可识别的被害人，但这并不意味着它是一种无危害的犯罪。[3]偷逃税通常是为了经济利益，某些情况下也可能是由某种原因所激发或借口，比如人们不认同政府对资金的使用方式，或者从一开始就质疑政府征税的权力。偷逃税数额是巨大的，据美国国内收入局统计，2006 年的逃税额高达 3 850 亿美元，约占应收税收的 14.5%。

由于偷逃税的风险无处不在，因此没有一个政府在制定税制以后，仅仅依靠纳税人的自觉来收缴税款。毫无疑问，那些具有责任感的人最初会缴纳他们的应付税款，但其他人不会。久而久之，当他们意识到自己如何被别人占便宜以后，具有责任感的人数就会锐减。因此，缴纳税款必须是每个公民应当承担的法定义务，不履行义务将会受到处罚。但即使是面临这些处罚，大量的偷逃税行为仍然存在，并且一直都存在。各国政府都有处理偷逃税的办法，比如信息收集、审计/监督，以及惩罚。

本书的税制研究法重新审视了税收缴款问题——由谁来签发支票承担纳税义务——这一点在标准的研究方法里是被忽略的。比方说，我们的课本上声称统一的增值税（VAT）和零售税（RST）是同效的税收制度。但在实践中却是不同的，因为两者的缴款制度——由谁向政府直接缴税——是不同的，造成了两种税收制度的巨大差异。这也在很大程度上解释了在过去的半个世纪中增值税的成功故事，超过 140 个国家采用了增值税，而几乎没有国家的零售税税率超过10%。信息获取代价高昂的情况(如在所有的现实税收制度中),会导致避税和偷逃税现象的产生,税收行政和执行成本因税收缴纳者的不同而产生差异。

超越标准税收模型要求我们认识到税收行政成本和遵从成本,并将其纳入最优税收的分析当中。行政成本(税务行政机关在税收管理过程中产生的各项成本)和遵从成本(税收制度的规则和程序强加给纳税人的成本)影响了税收制度的运作,也影响了一系列税收政策的可行性和可取性。这些成本不是微不足道的,在美国的所得税收入中的占比高达10%。

从更广义的层面来看,对税率的行为反应是多种多样的。此外,在一些假设条件下,这些都是超额税负的表现。当高税率驱使人们在网上寻找免税的香烟,无良的税务专家寻找所得税的漏洞,或在开曼群岛寻找免被监测的信用卡账户时,他们所获得的边际收益是低于私人成本的。当研究的问题是所得税时,所有这些对所得税税率变化的反应(劳动供给、避税、偷逃税等),概括来说就是应税收入弹性(elasticity of taxable income, ETI)。这一概念适用于所有的税率变化,囊括了对税基弹性的所有行为反应。在一定的假设条件下,这种税基弹性对于提高税率的边际效率成本是一个充分的统计量。这是因为,从边际上来看,纳税人愿意牺牲价值一美元的效用以减少一美元的税收负担。这种牺牲可以采取多种形式,例如由于逃税而产生的额外风险,花费人力物力来寻找税法漏洞和执行避税计划,或转而选择那些税负较轻但效用也更低的活动。但在某些假设下,我们不需要知道造成收入减少的行为反应到底是哪种,是由于逃税避税,还是行为选择改变。为了评价收入增长的边际效率成本,只需要知道由税制参数变化而产生的潜在税收收入(假设行为变化不存在)以及实际的变化(考虑所有的行为反应)。

通常的征税训诫要求通过税收工具(不仅仅是税率选择,还有非标准化税收工具,如税基宽度和征管努力)筹集的净收入的边际社会成本相等。在实际的税制中,政府会权衡宽税基低税率和窄税基高税率所带来的收入而增加的社会成本。对商品课税而言,拓宽税基降低税率可以减少对消费选择的扭曲但会增加税收行政成本,因为一些商品或服务的性质决定了更难对其征税。

从税制的视角来看,与提高法定税率相比,严格的税收征管通常是增加收入更合乎社会期望的方式。加强征管会增加行政成本，但不会让税务合规的纳税人承受更重的负担。让税收执法的边际成本等于边际收入增加往往会导致税收征管过度。花费一美元的行政成本来获得一美元的收入绝不是最优选择。这样政策最终不会增加边际收入，反而让纳税人减少了一美元的收入。

认识到税基弹性的可控性会产生新的思路。如果与带给需照顾群体（比如低收入人群）的分配收益相比，收入的损失是很小的，那么以低成本消除避税是可取的。从另一方面来看，避税的机会主要是被高收入人群利用，这会对原本可行的合乎社会利益的再分配造成限制。如果减小税基弹性能以低超额负担产生再分配效应而获得更大的社会福利净收益，那么消除所得税避税的资源成本是可取的。

在实际的税收制度中，复杂性是至关重要的问题。有时它会给纳税人带来不必要的遵从负担，但也有可能被纳税人利用，纳税人模糊他们的事务以使其纳税义务最小化。但是有些复杂性是可以容忍的。它可能比简单的税收工具更可取，因为简单的税收工具会导致税收评估的不确定性。就像零售商用优惠券来区分对待价格敏感型和价格不敏感型消费者一样，在税收/转移支付制度中，复杂性是区分接受者是否应获得转移支付项目的有力政策工具。

在实际的税收制度中，认知的局限性影响了纳税人作为决策者的反应。政府可能会通过掌控税收的呈现方式来控制纳税人的行为反应，例如要求零售商在收银时而不是之前就告知消费者销售税。政府是否应当操作纳税人的认知是一个有趣的开放性问题。

本书的税制研究法认识到了公司在征税中的核心作用，对税务机构而言，相较于拥有大量的雇员和作为资本提供者的公司而言，和具备更专业的会计和金融知识的公司打交道，才是更节约成本的方式。

信息是现代税收的核心，政府为了避免税负的无常性只能对其所观察到的东西征税，而企业在现代经济中扮演着重要的角色，更容易收集和获取信息。工资薪金收入逃税率低主要是由于公司向税务当局提供雇员收入的信息报告。公司间的贸易涉及市场交易，其可观察性限制了偷逃税的可能性（尽管现金交易更不易被监控）。增值税在管理上的成功，从很大程度上来讲是因为它要求购销双方报告信息。一家公司的收入(产生销项税)是另一家公司的成本(可抵扣的商业支出),这限制了企业的逃税动机。

在标准的模型中,什么是可税的,以何种税率课税是明确的。在实践中,正如税务律师所知道的那样,对税收的激烈争论都是关于如何描绘和解释界限问题。比如,尽管最优商品税规定了每一种商品的差别税率,但这显然是不可行的,特别是现代经济生产出了大量不同的商品,而且可供使用的商品数量也在不断变化。相对稳定的税制要求选择性商品税必须要对不同的商品确定不同的税率。现实的消费税制度通过利用商品的特性来实现这一点。例如,在美国零售店的食物通常是免税的,但餐馆的饭菜则不是,这就要求税法对这两类商品划清界限。这种界限有时是很好的。例如,杂货店出售预制的食物,消费者可能在店里吃,也可能不在店里吃,预制食物还有可能是被摆在店内的沙拉吧上。

技术的进步有可能从根本上改变我们所能观察到的东西以及应税的物品。智能电子芯片可以追踪消费者的消费行为,这为消费(或至少是购买)实行累进税提供了可行性。计算机技术可以极大地简化纳税申报,使政府能够在合理的纳税遵从度和行政成本上对纳税者确定个性化的税收负担。但是科技的发展也不是有百利而无一害。一些商家利用销售隐匿软件来逃避销售税,此外,公司和政府追踪纳税人生活的方方面面,对一些人来说这是对隐私不可容忍的侵犯。

1.4 什么是税收制度

税收制度是一套规则、法规和程序:(1)首先,它定义了何种事件或状态会引起纳税义务(税基和税率);(2)其次,规定了谁缴税,什么时间缴税(税收缴款制度);(3)第三,确定了细节程序,包括信息披露要求以及不按时履行缴税法定义务(税收征收规则)的后果(包括处罚),来保证税收遵从。

如上所述,大量关于税收的现代经济分析以及一些具有重要贡献的研究,都假定应纳税额可以无成本的确定和收缴,在这种假设条件下,与前面所说的第(2)点无关,第(3)点则不是必需的。但这种税收研究模式忽略了许多重要的方面。它不能解决当前许多税收政策问题——比如，希腊是应该通过提高税率，还是通过打击偷逃税来增加收入以满足救助条件？这也解释了为什么税收经济理论与实际关注的税收问题往往存在着脱节的现象。并且在我们看来，这样的研究方式也错过了税收中许多有趣的发人深思的方面。

标准的税收模型忽略了实践中的一些方面，这正是本书写作的动机。在本章的开头就列举了一些标准税收研究模型难以解释的税收现象。我们现在可以从总体上来陈述这些盲点：

1. 虽然有些人可能依法纳税，但大多数人将纳税遵从视作一个策略选择，如果有吸引人的逃税成功几率，他们就会选择逃税。

2. 纳税人会重新安排自己的活动以合理地减少他们的纳税义务，包括在不改变实际活动的情况下减少纳税义务，这就是我们所说的避税。

3. 限制避税和偷逃税的成本很高，而税务机关的行政资源是有限的。

4. 税务当局的政策工具是有限的。

5. 纳税人（以及税收政策制定者）存在认知上的局限性。

6. 现实世界具有复杂性，使没有不确定的税收也变得复杂化。有些复杂性是由于纳税人为了混淆他们的纳税事项而产生的，而有些则是除组织收入外，税收制度为了实现特定的社会目标而造成的。

这些问题在发展中国家显得尤为重要，前国际货币基金组织（IMF）的官员④认为，在发展中国家，“税收管理就是税收政策”。这些问题在发达国家同样也很重要，但是在发达国家，执行问题通常不在于特定税种的可行性，而是对不完善的税制结构的替代机制进行比较。例如，在许多发展中国家，依赖于自行申报所得税无法以适度的成本公平地管理；在发达国家，最优税收设计应该在多大的程度上反映逃税的现实、强制手段的必要性以及征税成本才是问题所在。此外，所得税结构的一些重要方面，比如，缺少对耐用消费品租金的估算、基于收付实现制对资本利得进行征税、预先设定折旧等，毫无疑问这些主要是出于对实际管理能力的考虑。鉴于这些原因，不管在哪个地区，考量逃税、避税和征管对主动和规范的进行税制分析都必不可少。

1.5 本书的组织结构与目的

在本书中，我们归纳、解释并评价了现代的文献，并将其融入税收经济学。我们并没有试图对本书的主题进行全面的文献综述，也不想过分强调本书作者的贡献。我们强调的是税收理论的积极影响和规范性的一面，也评估了对税收理论有重要意义的经验证据。本书采用了一个与现代理论相一致的常见的分析框架，尽可能地说明这一研究领域的不同贡献之间的关系。本书的第Ⅰ部分是介绍和动机，接着通过最优税收理论的一些标准结果作为后文的理论框架。

在第Ⅱ部分，介绍了税收制度的构成要素，从四个方面拓展了标准模型。特别地，我们研究了(1)各种行为反应的含义，不仅包括了劳动供给和消费品的选择，还包括了逃税和避税；(2)税收成本的多种来源，不仅仅是标准的扭曲成本；(3)税基弹性作为综合测量由提高税率增加收入所产生的边际成本的前景；(4)信息在税收中的核心作用，包括降低信息获取成本的制度，以及限制税收工具的使用以保持简明性的意义。

本书的第Ⅲ部分运用税制的构成要素扩展了对最优税收制度的认识。我们研究了书中第Ⅱ部分提出的想法如何影响标准的税收工具，比如存在管理成本时的最优商品税，并研究了新型税收工具的最佳使用情况，还有征管努力。此外，我们还探讨了这些新型税制工具对行为弹性的影响——如应税收入弹性，税收制度和转移支付制度的最佳可观测度和复杂性，以及税收制度中的最优线性图(optimal line drawing)。

第Ⅳ部分着眼于快速变化的环境对税收政策的影响，这些变化具有重要的影响。随着信息革命和全球化的发展，纳税人出于对隐私的考虑，可能对税收政策有激烈反应。作者也在本书中探讨了税制研究中一些潜在的新方向，最后进行总结。

注 释

① 最优税收分析的其他标准假设，如仁慈的政府、结果主义和福利主义导向，已经在其他地方得到了广泛的研究，并不是本书的重点。

② 这个名字的灵感来源于理查德·马斯格雷夫(Richard Musgrave)在1969年出版的著作《比较财政分析》(*Fiscal Systems*)，该书阐述了财政制度及其职能如何随环境的变化而变化，以及即使在具体设置有所不同的情况下，仍有哪些相似之处。

③ “典型受害者”(iconic victim)一词出自Loewenstein等(2006)，是对政策的消极后果的生动描述。

④ Casanegra de Jantscher(1990，p.179)。

2 标准的最优税收模型

2.1 前言

虽然在本书中我们从多维度扩展了税收分析的范围，但我们的分析采用的仍是标准的公共经济分析技术。在实证模型中，我们假定个人是在特定约束下追求预期效用最大化。为此，在本书的大多数章节将行为经济学提出的一些有趣的问题放在一边，仅在第10章涉及这些问题。在规范分析模型中，我们或者以程式化的代表性个人，或者以服从帕累托法则(Pareto principle)的包括所有个人的福利函数，将税收制度描述为最大化公众福利水平的制度。熟悉基础最优税收理论的读者可以跳过本章，但在后面的阅读中可能需要返回本章看我们使用的标记符号。

一个仁慈的税制设计者应设法达到对经济有效运行的损害最小化，并服从于解决外部性和社会分配目标。对经济的损害也称为效率成本、超额负担、扭曲、无谓损失(deadweight loss)。在标准的模型中(不存在外部性)，除一次总付税(所纳税额与个体行为无关)，所有税收由于改变相对价格，引致消费者选择社会次优的消费组合，或引致企业使用社会次优的投入组合来生产商品，都会破坏经济效率。消费者和企业会选择被课以相对较低税的商品和行为，以替代相对高税的商品和行为(包括闲暇)。典型最优税收的运用着力于下列两个问题之一：其一，在可得的税收工具下，确定成本最小的税收制度;其二,在成本与个人福利分配两者之间进行取舍。

税收的效率成本是征税给纳税人带来负担与征得相同税收的一次总付税所带来的负担相比的超出部分。税收的总负担等于不可避免的负担——即使没有扭曲的一次总付税也会产生的负担,加上超额负担。一次总付税会通过收入效应影响经济主体的行为,而不会通过改变相对价格影响经济主体的行为。在制定最优税收政策时,我们聚焦于社会计划者的效用最大化问题,在代表性个体假设下,等价于最小化以等价变换策略的超额负担(excess burden,下文以 EB 表示),其货币数量等于纳税人为回到没有此项税收的世界,愿意放弃的收入。按照 Auerbach(1985)的做法,测量无谓损失的等价变换可表示为

$$EB_{ev}(\theta)=E(0,\ v(0,\ A))-E(0,\ v(\theta,\ A))-R(\theta) \tag{2.1}$$

这里 $E(0,\ v)$ 为在没有税收的世界中达到效用 v 所需要的最小支出;$v(\theta,\ A)$ 是在税收政策向量为 θ、收入为外生的 A(比如补助)时,纳税人的间接效用;$v(0,\ A)$ 是在没有税收时,纳税人的间接效用水平;R 为征得的税收收入。

在外生的税收收入需求 G 下,最小化效率成本的税收政策向量为下式的解

$$\min_{\theta} EB_{ev}(\theta)\equiv\min_{\theta}[E(0,\ v(\theta,\ A))-E(0,\ v(\theta,\ A))-R(\theta)]$$
$$\text{s.t.}\quad R(\theta)\geqslant G \tag{2.2}$$

这与在收入约束下,最大化代表性纳税人效用的税收政策相同:

$$\max_{\theta} v(\theta,\ A)\quad \text{s.t.}\quad R(\theta)\geqslant G \tag{2.3}$$

假设支出函数在效用上严格递增,税收收入约束 $R(\theta)\geqslant G$ 保持不变。① 如果存在至少一个税收工具,其使用的边际增加会使税收收入增长,并减少代表性纳税人的效用,则收入约束条件是紧的。② 因此,在收入约束下效用最大化,与代表性纳税人超额负担最小化具有相同的解。

2.2 权威的最优税收模型

基于代表性纳税人,社会计划者效用最大化问题的拉格朗日表达式为:

$$L = v(\theta, A) + \lambda[R(\theta) - G] \tag{2.4}$$

对任何税收工具 θ_i 的一阶条件(FOC),具有一个内解(interior solution),那么

$$[\partial\theta_i]\ \frac{\partial v(\theta, A)}{\partial\theta_i} + \lambda(\theta, A)R_{\theta_i} = 0 \tag{2.5}$$

简单的一阶条件包含着规范税收分析的关键部分。首先,R_{θ_i} 为收入对税收工具 θ_i 的导数;其次,$\lambda(\theta, A)$是因税收收入需要的边际增加而引起的效用下降,这也是公共资金的社会边际效用成本。

接着,我们引入函数 T,指以税收政策 θ 和代表性个人选择变量为参数的应纳税收。可将式(2.5)对 θ_i 的一阶条件(FOC)改写为

$$[\partial\theta_i]\ \frac{\partial v(\theta, A)}{\partial\theta_i} + \lambda[T_{\theta_i} - (T_{\theta_i} - R_{\theta_i})] = 0 \tag{2.6}$$

其中,T_{θ_i} 表示在纳税人没有行为反应下,增加税收工具 θ_i 带来的税收收入,可反映税收收入和特定一方面税制的“机械性”关系。据此,$B_{\theta_i} \equiv (T_{\theta_i} - R_{\theta_i})$ 测度税收工具 θ_i 的一个边际变化引起的非补偿行为反应所产生的边际收入变动。

根据包络定理,税收工具 θ_i 对效用的边际影响等于简化的直接收入效应,$\partial v/\partial\theta_i = -\alpha T_{\theta_i}$,其中 $\alpha \equiv \partial v/\partial A$,为外生收入的边际效用。因此,我们可以改写式(2.6),并定义公共资金的边际效率成本(MECF)为

$$[\partial\theta_i]\mathrm{MECF}(\theta_i) \equiv \frac{\lambda}{\alpha} = \frac{T_{\theta_i}}{T_{\theta_i} - B_{\theta_i}} = \frac{1}{1-(B_{\theta_i}/T_{\theta_i})} \tag{2.7}$$

概言之,MECF 为公共资金的社会边际成本 λ,除以外生收入的边际效用 α。这一表达(Slemrod and Yitzhaki, 1996)使公共资金的社会边际成本 λ,依赖于纳税人的行为反应 B_{θ_i},显得非常清晰。如果税收工具 θ_i 的边际变化没有引起纳税人的行为反应,则 $B_{\theta_i} = 0$, $\mathrm{MECF}(\theta_i) = 1$, θ_i 类似于一次总付税。纳税人的行为反应越大,公共资金的社会边际成本就越大。因此,$B_{\theta_i}/T_{\theta_i}$ 是边际超额负担的充分统计量。

本书后面所展现的拉姆齐商品税和最优线性所得税都是这个一般化公式所包含的特定情形。式(2.7)所表示的一般化规则适用于所使用的任何税

收工具，在最优时其公共资金的 MECF 为一常数。

2.3 最优商品税

最优税收理论的一个主要模型刻画了对商品课税的最优特征。虽然现代最优税收理论大约始于 20 世纪 70 年代，但由于博学多才的弗兰克·拉姆齐(Frank Ramsey)在其 1927 年发表的论文，最优税收理论也常被称为拉姆齐税收问题。拉姆齐商品税问题的目标在于寻求除一次总付税之外最小化超额负担的商品税税率集，以实现次优的问题。

这一问题要求找到对商品集 1, 2, …, n 征收的商品税，使超额负担最小化，商品 0 为如闲暇等不征税事物。假定商品 k 的生产者价格为 q_k 固定，征税后消费者价格为 $p_k = q_k + t_k$。[③]这一式子抽掉了税收管理或遵从成本，故超额负担仅来源于征税改变商品相对价格造成的代表性消费者消费束的扭曲。令 $\theta = (t_1, \cdots, t_n)$ 表示税收政策，$c = (c_0, c_1, \cdots, c_n)$ 表示纳税人选择的消费束，商品 k 税率的边际增加引起的机械负担(mechanichal burden)为 $T_{t_k} = c_k$，同时，消费者行为反应的边际收入变动为 $B_{t_k} = -\sum_{i=1}^{n} t_i(\partial c_i/\partial t_k)$。采用斯勒茨基方程(Slutsky formula)，可以将消费者的行为反应进一步分解为

$$B_{t_k} = -\sum_{i=1}^{n} t_i\left(s_{ik} - \frac{\partial c_i}{\partial A} c_k\right) \tag{2.8}$$

其中斯勒茨基替代效应(Slutsky substitution effects) $s_{ik} \equiv \partial c_i^h/\partial p_k$，用以量度在保持效用不变的情况下，商品 k 价格的边际变化引起的对商品 i 需求的边际变化。将表达式代入式(2.7)，并重新整理后得到

$$-\left[\left(1 - \frac{\alpha}{\lambda}\right) - \sum_{i=1}^{n} t_i \frac{\partial c_i}{\partial A}\right] \equiv -\Theta = \sum_{i=1}^{n} \frac{t_i}{c_k} s_{ik} \quad \forall k = 1, \cdots, n \tag{2.9}$$

利用补偿需求替代效应(compensated-demand substitution)的对称性，$s_{ik} = s_{ki}$，得到

$$-\Theta = \sum_{i=1}^{n} \frac{t_i}{c_k} s_{ik} = \sum_{i=1}^{n} \frac{t_i}{c_k} s_{ki} = \frac{\Delta c_k}{c_k} \quad \forall k = 1, \cdots, n \tag{2.10}$$

其中，Δc_k 是税收引致的商品 k 需求变化。这是最优商品税率的拉姆齐法则(Ramsey formula)。方程式(2.10)显示最优的税收要求一组税率 θ，使所有课税商品补偿需求的相对变化相等，这遵循着一个事实，即在最优情况下，所有课税商品增加一单位税收的边际超额负担相等。

当没有交叉价格需求反应时 ($\partial c_i/\partial p_k = 0$, $i \neq k$)，最优税收规则将被简化为简单熟悉的逆弹性法则：

$$\frac{t_k}{p_k} = \frac{1}{\varepsilon_{kk}}\left(\frac{\alpha}{\lambda} - 1\right) \quad \forall k = 1, \cdots, n \tag{2.11}$$

这里，ε_{kk} 是商品 k 对于自身价格变化的非补偿需求弹性。需要注意的是，相对税率不依赖于 α/λ，只依赖于自身弹性的相对值。④为最小化超额负担，对于需求弹性相对低的商品应征收较高的税收，因为作为超额负担来源的行为反应比较低。但是，由于各税率下单位税收的边际超额负担递增，因而不是所有的税收都应从需求弹性最低的商品征收。

正如 Corlett 和 Hague(1953)最早展示的，通过分析只包括不课税的闲暇(商品 0)和两种课税商品等三种商品的拉姆齐问题，可以得到进一步的认识。将式(2.10)具体化为三种商品的世界，则有：

$$\begin{aligned} t_1 s_{11} + t_2 s_{12} &= -\Theta c_1 \\ t_1 s_{21} + t_2 s_{22} &= -\Theta c_2 \end{aligned} \tag{2.12}$$

再整理得到

$$\begin{aligned} t_1 &= \Theta\left[\frac{s_{12}c_2 - s_{22}c_1}{s_{11}s_{22} - s_{12}s_{21}}\right] \\ t_2 &= \Theta\left[\frac{s_{21}c_1 - s_{11}c_2}{s_{11}s_{22} - s_{12}s_{21}}\right] \end{aligned} \tag{2.13}$$

式(2.13)表达式取比，用补偿弹性替代斯勒茨基替代项，并使用归一化的 $p_i = 1 + t_i$，其中 $i = 1, 2$，可以导出下述的第一个等式：

$$\frac{t_1/(1+t_1)}{t_2/(1+t_2)} = \frac{\varepsilon_{12}^c - \varepsilon_{22}^c}{\varepsilon_{21}^c - \varepsilon_{11}^c} = \frac{-(\varepsilon_{11}^c + \varepsilon_{22}^c) - \varepsilon_{10}^c}{-(\varepsilon_{11}^c - \varepsilon_{22}^c) - \varepsilon_{20}^c} \tag{2.14}$$

式(2.14)的第二个等式源于补偿需求函数价格的零次齐次性。⑤假设相比商品 2，商品 1 与闲暇品 0 更为互补($\varepsilon_{10}^c < \varepsilon_{20}^c$)，则对商品 1 的最优税率比商

品 2 更高($t_1 > t_2$)。例如,商品 1 是滑雪板,商品 2 为食品。对滑雪板征税将是对闲暇征税的一种间接方式,因为相对于食品消费,滑雪板的需求与闲暇更为互补。⑥

显然,仅在 $\varepsilon_{10}^c = \varepsilon_{20}^c$ 的特定情形下,对商品 1 和商品 2 采用相同的税率是最优的。若如此,要么劳动供给固定($\varepsilon_{10}^c = \varepsilon_{20}^c = 0$),要么代表性消费者的效用函数是类似的,且在课税和未课税商品间是可分的,因而,课税商品间的边际替代率不依赖于闲暇消费的数量;换言之,两课税商品与闲暇的交叉替代性是一致的,$\varepsilon_{10}^c = \varepsilon_{20}^c$。在此情况下,在它们(两商品)之间引入扭曲性税收是没有好处的。

2.4 最优线性所得税

本章一般化的公式也可产生最优线性所得税税率的表达。为此,我们需引入抑制纳税人,我们使它们仅在一个方面不同,他们的能力水平,同时假设他们具有相同的效用函数。⑦ 令 w_n 表示能力类型为 n 的纳税人的工资率。计划者的问题是选择税收工具向量 θ,以最大化社会福利函数 $W(u_1, u_2, \cdots)$,社会福利函数假定为个人主义的,每个个人的效用为严格递增的凹函数,W 的凹性决定在 u_i 的分配与 u_i 的总和之间的社会取舍。计划者问题的拉格朗日形式是:

$$L = \int W(v(\theta, A, n)) + \lambda[R(\theta) - G]\mathrm{d}F(n) \tag{2.15}$$

其中,$F(n)$ 是 n 类人口的积累分布函数(cdf)。解 θ_i 的一阶条件(FOC),产生最优税收工具集 θ_i 的表达式,设一个内解:

$$[\partial\theta_i]\ \frac{\int(\alpha/\lambda)W'T_{\theta_i}\mathrm{d}F(n)}{\int T_{\theta_i}\mathrm{d}F(n)} = 1 - \frac{\int B_{\theta_i}\mathrm{d}F(n)}{\int T_{\theta_i}\mathrm{d}F(n)} \tag{2.16}$$

让 l_n 表示 n 类型纳税人的劳动供给,假定税收工具向量 θ 包含对劳动收入的一个线性税率 t,和全民式补助金(demogrant)A,因此更高的税率 t

(一般有更高的 A)意味着累进性更强的税制。从 n 类型纳税人征得的税收等于 $tw_nl_n - A$。对这些税收工具的机械与行为反应(the mechanical and behavioral responses)表达式为:

$$
\begin{aligned}
&T_A(n) = -1\\
&B_A(n) = -tw_n \frac{\partial l_n}{\partial A'}\\
&T_t(n) = w_nl_n\\
&B_t(n) = -tw_n \frac{\partial l_n^c}{\partial t} + tw_n^2 l_n \frac{\partial l_n}{\partial A'}
\end{aligned}
\tag{2.17}
$$

其中,l_n^c 是类型纳税人补的偿劳动供给,同时我们利用了斯勒茨基方程。将这些表达式代入方程式(2.16),产生 A 和 t 的一阶条件(FOC):

$$
[\partial A]\int W' \frac{\alpha}{\lambda} + tw_n \frac{\partial l_n}{\partial A} \mathrm{d}F(n) \equiv \int b_n \mathrm{d}F(n) = 1 \tag{2.18}
$$

$$
[\partial t]\int w_nl_n\left(W' \frac{\alpha}{\lambda} + tw_n \frac{\partial l_n}{\partial A} - 1\right) \mathrm{d}F(n) = \int tw_n \frac{\partial l_n^c}{\partial t} \mathrm{d}F(n) \tag{2.19}
$$

这里,b_n 表示收入的社会边际价值,考虑劳动收入的税收后果时,外生的一元钱对社会福利的影响。结合这些表达式得出 Atkinson 和 Stiglitz(1980)关于最优线性所得税率的隐式公式:

$$
t = \frac{\int w_nl_n(b_n - 1)\mathrm{d}F(n)}{\int w_n(\partial l_n^c/\partial t)\mathrm{d}F(n)} = \frac{-\mathrm{cov}(b_n,\ w_nl_n)}{\int -w_n(\partial l_n^c/\partial t)\mathrm{d}F(n)} \tag{2.20}
$$

社会计划者对公平的偏好越强,收入的社会边际价值 b_n 与劳动收入 w_nl_n 协方差有更大的负值,这意味着最优税率 t 更高:更累进的税收是最优的。对于边际所得税率的变化,l_n^c(补偿)劳动供给反应越小,最优线性所得税的税率越高。方程式(2.20)是在累进税设定时对(纵向)公平和效率不可避免的权衡取舍的一个简洁表达。再分配要求高的边际税率(为大量补助提供资金),但是高的边际税率会造成经济决策扭曲(在本模型中只包括劳动供给),扭曲程度取决于(补偿)行为反应的大小。在其他条件不变的情况下,社会倾向于更高的公平,高边际税率降低人们赚取收入的激励所引起的行为反应比较低，则最优的累进税率会更高。在第Ⅲ部分，当我们将标准的税收工具与非标准税制工具（如税基宽度、征税努力、审计概率）结合考虑时，我们将参考这些最优税收理论的经典文献。在第Ⅲ部分之前，第Ⅱ部分我们将介绍和讨论新的系列税制工具。

注　释

① 如果消费者效用函数连续，且代表本地非饱和偏好关系，那么支出函数在效用上严格递增。

② 也即$\exists\theta_i$，使$R_{\theta_i}>0$，$\partial v(\theta, A)/\partial\theta_i<0$。

③ 这一表达遵循 Sandmo(1976)的做法。

④ 这并不局限于这里讨论的没有交叉需求反应的特定情况。

⑤ 负定的斯勒茨基替代矩阵是$s_{11}s_{22}-s_{12}s_{21}>0$的充分条件。

⑥ 这一逻辑并不特定适用于闲暇，在最优税率中，可应用于不能被征税的任一商品。

⑦ 推导可见 Atkinson 和 Stiglitz(1980)。

第Ⅱ部分

税 制 构 成

3 多重行为领域

根据第 2 章的标准最优税收问题，税收产生了效率成本这一额外的负担，因为它扭曲了消费组合（或许也扭曲了消费产品的生产方式），也影响了休闲的消费。个人会根据相对价格做出选择，由于税收扭曲，使得选择没有反映出真正的社会取舍关系。一个追求效用最大化的消费者自然会转向那些相对低税的替代商品，而休闲是完全免税的。尽管这是私人的最佳选择，但这是我们不可利用非扭曲性税收，或一次总付税方式来增加收入的意想不到的结果。当纳税人存在异质性，社会关注分配问题，一些超额负担作为达到一种更可取的社会福利分配结果的代价而被社会容忍。

在接下来的内容中，我们扩展了这个框架，以适应税收影响的一系列特定领域，但这些经典的问题却被相对忽视，如逃税（减少税收责任的非法手段）和避税（减少税收责任的合法手段）。①

3.1 逃税理论

没有一个政府能指望每个人都能完全主动承担纳税的义务。事实上，税收的历史充斥着各种富有创意的逃税行为。在 3 世纪，许多富有的罗马人把他们的珠宝或金币藏起来，以逃避奢侈品税（luxury tax）；而在 18 世纪的英格兰，房主们暂时把他们的壁炉用砖封了起来，以逃避壁炉税（hearth tax）税吏的注意(Webber and Wildavsky, 1986)。在近现代,一些企业安装了"zappers"软件,该软件会随机地将收银机或其他销售设备的销售电子记录消除掉。

3.1.1 逃税的威慑模型

在存在逃税行为的情况下,我们既要丰富纳税人决策的实证模型,又要丰富最优政府行为的规范模型。前者的自然出发点是考虑逃税的成本和收益。实际上,考虑个人选择是否逃税以及逃多少税的标准框架是威慑模型(deterrence model)。其最先由 Allingham 和 Sandmo(1972)在单一所得税研究中创立,他们将 Becker(1968)的犯罪行为模型发展为逃税经济学。我们将这个模型称为 A-S 模型,在这个模型中,一个厌恶风险的纳税人决定是否逃税和逃避多少税收,就像她作任何有风险的决定或赌博一样,都是基于期望效用最大化进行决策。值得注意的是,在这种模式中,人们受到可能的法律处罚的影响,与其他任何不可预见的成本无异:关于逃税的非法行为本身并不重要。人们也没有任何内在的意愿来履行自己的纳税义务,这有时被称为"税收道德"*。

在基本的 A-S 模型中,劳动收入 wl 是固定的;风险厌恶的纳税人选择向税务机关申报收入的数量。纳税人选择少申报的收入金额 e,以最大化预期效用:

$$\max_e (1-p)u(wl(1-t)+te)+pu(wl(1-t)-\pi e) \tag{3.1}$$

其中,冯·诺依曼-摩根斯坦效用函数(von Neumann-Morgenstern utility) u 是凹函数,p 是逃税被查获的概率,少缴应税收入被查获的罚款为少报收入的 π 倍,$wl(1-t)$ 是纳税人真正的税后收入,这里 t 是税率。在这个模型中,

---

* 译者注:对于 tax morale,中国台湾学者将 tax morale 译为"租税风纪"(陈忠孝、欧欣亚,2014),"租税风气"(罗时万,2010);日本有学者将其译为"纳税意识"(横山直子,2016;日本税理士会连合会,2017)。morale 的词根为 moral(道德),morale 其含义为个人或群体的信心和热情,直译为士气、精神面貌;tax morale 被视为税收遵从的非物质动机,以及税收遵从中超出标准的期望效用最大化框架的因素(Luttmer 和 Singhal, 2014),中国大陆的文献一般将其译为"税收道德"(谷成等,2017),这里将 tax morale 译为"税收道德"。

选择是否逃税以及要逃避多少税，类似于选择是否赌博和赌多少。每一美元的少缴应纳税所得额，获得概率为$(1-p)$回报 t，以及概率为 p 的惩罚 π。当且仅当这种投机的预期收益 $(1-p)t-p\pi$ 是正，那么风险厌恶的纳税人才进行逃税，逃税金额取决于预期的回报和纳税人的风险偏好。最佳逃税行为的一阶条件(FOC)：

$$\frac{u'(c_l)}{u'(c_h)}=\frac{t}{\pi}\left(\frac{1-p}{p}\right) \tag{3.2}$$

其中 c_h 是未经审计的国家的收入，而 c_l 则是经审计的国家的收入。当预期的回报是正时，不完全地执法(如 $p<1$)会诱导纳税人承担风险，这对私人是最优的，但这意味着给定的财政收入要以更低的预期效用征得——导致了Yitzhaki(1987)所称的“逃税超额负担”。在收入固定的情况下，逃税的超额负担是不确定性而非确定性缴纳税收产生的成本：

$$EB=u((1-p)c_h+pc_l)-[(1-p)u(c_h)+pu(c_l)] \tag{3.3}$$

设 $p=1$ 可以消除这个额外的负担，但是执行的代价很高；稍后我们将研究 p 的最优设定。

在开创性的 A-S 模型之后，Yitzhaki(1974)指出，重要的假设是对发现的逃税的惩罚如 A-S 模型那样取决于低报的收入，或者假设惩罚取决于低报的应纳税收，如此可更准确反映许多国家的实际做法。在后一种情况下，纳税人的预期效用最大函数是：

$$(1-p)u(wl(1-t)+te)+pu(wl(1-t)-\tilde{\pi}te) \tag{3.4}$$

每一美元的逃税收入的预期收益变成 $(1-p)t-pt\tilde{\pi}$。这是一个重要的变化，因为它暗示了税率对逃税没有影响；随着 t 上升，成功低报一美元的回报上升，但逃税被发现的代价也相应的上升了。最优逃税的一阶条件成为：

$$\frac{u'(c_l)}{u'(c_h)}=\frac{1}{\tilde{\pi}}\left(\frac{1-p}{p}\right) \tag{3.5}$$

请注意，t 并没有在等式(3.5)中出现，而是通过在 c_h 和 c_l 定义的收入效应得以体现。把这个和方程式(3.2)相比，t 是右边分子的一个乘数，这意

味着 t 的增加会增加获得以低报收入逃税的回报，使逃税相对于惩罚更有吸引力。

无论这一处罚是取决于低报的税收还是低报的收入，其他条件不变时，更厌恶风险的人会减少逃税。只要绝对风险厌恶度下降，收入较高的个人就会逃避更多的税；高收入个人是否会因为收入高出一部分而逃税更多，这取决于相对风险厌恶状况。相对于收入而言，随着收入的增加，逃税会减少、增加，或保持不变，取决于相对风险厌恶是收入的增函数、减函数，还是常数函数。查获率 p 或罚款率的提高都会减少逃税。这个理论并没有确定这些效应有多大，这成为了经验研究的任务。

提高 t 既有收入效应，可能也有替代效应。如果纳税人具有递减的绝对风险厌恶度，收入下降就会使风险较低的位置变成最佳。t 的增加会带来替代效应，如果惩罚与收入有关而不是所逃税额有关，随着 t 的增加，在实施审计国家中消费的相对价格提高，从而鼓励逃税。在 Yitzhaki 的假设下，惩罚与逃税的税额有关，税收增加没有替代效应，因此，只要相对风险厌恶递减，提高税率 t 会减少逃税。[②] 对大多数人来说，这是一种非常不直观的概念，这无疑激发了进一步的理论研究和实证分析。

假设逃税的查获概率和惩罚率固定，就意味着逃税的边际预期收益也是固定的。在这种情况下，一个风险中性的人要么根本不逃税，要么尽可能地逃税（报告的税收责任为零，假设没有针对报告收入为负的人提供退税），仅有风险厌恶者会出现除要么全部申报、要么全部不申报之外的其他结果。在实践中，逃税被查获的概率不是固定的，可以说是随着不遵从行为的增强而增加，因为更多的逃税更有可能吸引税务执法机关的关注（而且，理性的执法机关会将更多的注意力放在明显的逃税行为上）。[③] 现在，风险规避不再需要产生内解（interior solution）。假设"风险中性"大大简化了分析，代价是忽略了逃税的相关因素（风险规避），尤其是在解释个体差异的时候。

基本模型没有解决关键的事实，即被查获的概率会因所关注的逃税类型而不同。例如，在许多拥有有效的第三方信息报告系统的国家，没有报告的受雇工资收入被查获概率 p 将接近于 1。通常情况下，对于低报的自雇收入，查获概率 p 要低得多，但随着低报自雇收入的增加，被查获的概率会提高。对于有多种收入来源的人来说，查获概率 p 会随着逃税总收入而上升，一个人第一次低报这些来源的收入被查到的概率最低，但接着继续低报这类收入的话，被查到的概率会提高。

基于查获概率、惩罚结构和风险厌恶的其他假设，逃税承担的风险成本可能是随税率而增加的连续函数。这些成本是除个人遵从成本之外的成本，遵从成本是个人为了最小化预期成本，通过伪装以逃税或将收入转移到另一种不那么有回报的职业，而主动造成的成本。如果纳税人的逃税行为对边际税率的变化作出回应，则纳税人任何的额外风险承担成本需要考虑税收无谓成本的衡量。Chetty(2009)认为，应税收入弹性的标准衡量不包含额外成本，因此错误地衡量了福利成本；我们在第 5 章集中讨论这个问题。

当任何逃税行为产生诸如社会污名或社会良知之类的私人成本时，逃税程度会低于 A-S 模型的预测。固定的遵从成本可能会诱使一些人根本不提交纳税材料，这通常意味着不遵从，同时这也可能会限制这些人享受一些利益，包括他们本应享有的退税权。Allingham-Sandmo 模型已经在许多方面得到了拓展，在接下来我们会对其中的一些内容进行讨论。

3.1.2 劳动供给和非正规经济

特别有趣的是劳动市场决策与逃税之间的关系。合理的假设是，决定工作多少是与决定报告多少收入同时（或在之前）进行的，这样一个人就不可能基于是否被抓住逃税而调整劳动力供给和收入。

有两种可选的方法来模拟这种同步选择。一种方法是考虑同质劳动(homogeneous labor)，考虑工作时间和报告多少收入两共通性问题。这相当于同时选择一个消费篮子（即一种商品和休闲组合），并面临风险。然后，工作的额外收入更可能来自世界上逃税被发现或没有被发现的两个国家之一。因此，劳动力供给的一阶条件与在没有逃税的模型中不同，因为它包含的是平均边际效用，而不是边际效用。平均边际效用是否大于或小于边际效用，取决于边际效用二阶导数的符号，这是效用函数的三阶导数的符号。除此之外，如果效用是不可分割的，边际效用函数依赖于交叉导数(cross-derivatives)的符号，这就使问题进一步复杂化了。

即使假设消费与劳动力供应彼此独立——交叉导数等于零——当对纳税人效用函数作出标准假设时，审计概率对劳动供给变化的影响是不明确的。[4]审计概率的变化影响工作(重返工作),以及纳税人逃税博弈(evasion gamble)的风险。当存在逃税大博弈时,风险方面可能变得很重要,在A-S模型中当审计概率和/或惩罚率低时,就是这种情况。如果效用的二阶导数是负、三阶导数是正——那么纳税人是风险厌恶和"谨慎"的,在Kimball(1990)的意义上,审计概率的提高可能会导致劳动力供应的减少。在直觉上,谨慎的纳税人提供额外的劳动,以保持被政府审计情况下的边际效用超过没有政府审计情况下的边际效用;审计概率的提高可以降低纳税人税后收入不确定的均衡数额,以及纳税人预防性劳动供给量。这与我们在第8章讨论的税制中欺骗动机的可取性(the desirability of cheating incentives)密切相关。一般来说,劳动供给会对所得税征管做出反应,因此,如果忽视征管同时发生的改变,从税率变化中识别劳动供给弹性就会发生偏误。

第二种方法是认识到,大量的逃税行为与地下或非正规经济有关。在正规部门(formal sector)的劳动收入理所应当的由雇主向执法机关报告的情况下(因 p 接近 1),逃税的唯一途径可能是"兼职"(moonlighting)——在另一份工作上额外工作——或完全切换到非正规部门。A-S模型可以很容易地修改,以对正规部门和非正规部门之间的工作选择作出一个程式化的描述。假设一个纳税人在正式部门工作的工资率为 w_f,在非正式部门工作的工资率 $w_i < w_f$,且他在正式部门和非正式部门提供的劳动总量缺乏弹性,纳税人选择将在正规部门的劳动供给量降低到 l_f,以及将在非正规部门的劳动供给量调整为 l_i。正规部门的收入按法定税率 t 纳税且不能逃税,除非被随机的审计发现非正规部门的收入不征税,在这种情况下,它会受到税收和罚款的影响。纳税人的效用最大问题为:

$$\max_{\{l_f,\, l_i\}}(1-p)u(w_f l_f(1-t)+w_i l_i)+pu(w_f l_f(1-t)+w_i l_i(1-t)-\pi w_i l_i) \tag{3.6}$$

服从约束条件 $l_f + l_i = l$。带入约束条件,纳税人的效用最大化问题可以被重新表示为一个标准的A-S模型:

$$\max_{e}(1-p)u(w_f l(1-t)+\hat{t}\,e)+pu(w_f l(1-t)-\hat{\pi}\,e) \tag{3.7}$$

其中 $w_f l$ 是当所有的劳动禀赋或时间都用于正规部门时的收入,非正规部门工作就被重新标记为逃税,$e = l_i$,$\hat{t} = w_i - w_f(1-t)$ 是通过在非正规部门工作逃税所带来的税收利益，$\hat{\pi}=(1-t)(w_f-w_i)+\pi w_i$ 是逃税的有效惩罚率。这个表达与标准 A-S 最大化问题等式(3.1)非常相似，这使得分析纳税人在非正规部门的劳动供应决策变得直截了当。设 $(1-p)\hat{t}>p\hat{\pi}$，通过非正规部门工作进行逃税的预期价值为正，风险厌恶的纳税人至少会从事一些非正规部门的工作。然而，由于 $\hat{\pi}>0$，非正规部门的工作增加了收入风险，因此，风险厌恶的纳税人一般不会选择位于角点解(corner solution)，只在非正规部门工作，他们会在这两个部门之间分配劳动。

正规部门和非正规部门在其他方面可能有所不同。Kesselman(1989)发展了一套一般均衡模型，模型中有地上和地下两个部门，生产两种截然不同的产品。在经济的每个部门中，从业者的总生产力(以及消费偏好)是同质的，但必须只在一个部门或另一个部门工作。然而，这些从事工作的人对于逃税具有不同的风险厌恶和内在厌恶，他们在地下经济中成功操作所需的隐蔽和其他技能水平也不同。虽然精确的结果依赖于模型，但可以得出三个一般性结论：(1)逃税所得的大部分收益，通过价格降低从逃避者转移到消费者手中，而处于极端情况下的逃税者(“marginal” evader)则一无所得；(2)相对价格效应往往会降低税率变化对逃税程度的影响；(3)逃税对税率变化的边际收入的影响，将取决于消费者在部门产出之间的替代弹性。

上述模型的一个关键方面是，逃税行为与不同商品的生产紧密相关。⑤这是不可能的，就像同时作为正规部门和非正规部门的室内油漆工、维修人员出现一样。不过，仍有证据表明，逃税主要集中在特定行业，比如那些直接向业主提供服务的行业，因为相对于给企业提供服务而言，小规模的生产活动有助于隐蔽，也较少需要收据。⑥

3.1.3　企业逃税

这个框架在多大程度上适用于企业的税收遵从决策？是不是大部分都是针对小型的、单一业主企业呢？事实上，A-S 模型已经被应用于研究企业税收遵从及其与产出决策的关系，如 Lee(1998)。有趣的是，Joulfaian(2000)发现企业所得税逃税(tax evasion)与管理者偏好有关，通过对资产不超过1 000 万美元的 1 987 家样本公司进行随机审计，他发现，由低报个人所得税的管理者管理的公司，其税收不遵的可能性是由个人税收遵从的管理者所管理公司的三倍。

A-S模式对大企业的适用性尚不清楚。可以说,大型上市公司应该表现得像风险中性,而不是像A-S模型中的风险规避者。如果这是真的,我们就必须去别处寻找那些使预期逃税价值为正的约束因素。一些公司可能会担心,公开的税收激进行为(tax aggressiveness)可能会失去那些更愿意与有社会公德的公司打交道的一些潜在客户。面对公众对其所谓的公司税最小化做法的压力,2012年12月,星巴克宣布将主动向英国税务当局支付约1 600万美元。[7]星巴克可能希望在数十家店的抗议活动对他们的声明有一个更积极的反应。

另一方面,一些投资者可能会将税收激进视为一种信号,表明一家公司以最优化的策略与税务机关,以及同供应商和客户(而不是投资者本身)打交道。Hanlon和Slemrod(2009)研究了股票市场对税务激进公开的反应,经验分析发现,当有关公司避税的信息被公开时,平均股价下跌。Hanlon和Slemrod(2009)认为可能是由于可能的消费者/纳税人的反弹,零售行业的股价下跌往往更大,而对于那些拥有更高现金有效税率的公司来说负面效应更小,他们认为这与税收激进的市场回报相一致。

此外,在大型的上市公司中,有关税收遵从的决定不是由股东直接做出的,而是由他们的代理人——首席财务官或税务副总裁决定。为了使决策者和股东的动机相一致,公司应该将代理人的报酬与影响公司税后盈利的可观察结果连接起来。但是,由于(合法)避税或(非法和会被惩罚的)逃税都可以达到给定的有效税率,股东和公司税务部门之间可能会出现"隐藏行为"或"隐藏信息"的问题;基于诸如公司有效税率等企业董事会可观测事项的薪酬合同,可能会促使税务总监以股东利益为代价来进行税务欺诈。《财富》1 000强企业税务总监的调查证据表明,有效税率是驱动公司税务部总体目标的最重要因素,这相比税收遵从更可能被赞许(Slemrod, 2004a)。对企业高管和股东的企业税务欺诈行为的处罚可能会阻止管理者参与欺诈,但是从企业的角度来看,一般而言,最优薪酬合同不会消除逃避,因为这样做限制了管理者追求合法避税的意愿。然而,Crocker和Slemrod(2005)发现,当对逃税的惩罚适用于代理人(即管理人员),委托人(即股东)可以改变与代理人的事前赔偿合同,可能抵消美国国内收入局政策的预期效果。[8]针对税务总监和公司本身的执法策略可能对公司行为产生不同的影响，尤其相关的是根据 2002 年萨班斯—奥克斯利法案（Sarbanes-Oxley Act），对误报的责任做出了重大修改，其中包括要求首席执行官签署该公司的联邦所得税申报表。

3.1.4 非标准理论：超越威慑

一些社会科学家认为，A-S 威慑框架忽视了逃税决策的重要因素，并对其中的一些主要假设提出了质疑，包括：（1）不关注非法事务的本质；（2）每个人都是搭便车者，所以不存在内在的税收支付意愿，或"税收道德"问题。有人进一步提出，在考虑逃税时，有必要放弃标准的期望效用最大化模型，并纳入"行为"的考量。

放弃这些假设中的一个或两个的模型会采取不同的策略。一种方法强调，有些人可能会因为公民的义务感而完全履行其法定义务，而不考虑或不只考虑是否可能出现金钱上的得失，并且认为履行纳税义务的倾向容易受到执法过程的某些方面影响。事实上，Frey（1997）认为，施加更加具惩罚性的执法政策可能会挤掉税收遵从的"内在"动机，让人们觉得自己缴税是因为他们必须，而不是因为他们想要。

另一种方法表明，某些个人并非表现为搭便车者，他们的行为取决于税收及其执法制度的制定过程与特征，制度产生的激励具有持续性。例如，他们可能更愿意遵守他们通过投票参与制定的税法；正如由 Alm、Jackson 和 McKee（1992）在实验室实验环境中所研究的那样，强迫接受不受欢迎的项目会降低税收遵从。⑨

纳税人对政府的态度也可能影响遵从行为。Tyler（2006）认为，如果公民认为具有被赋予权力的机关具有合法性，那么他们更有可能成为守法之人。有趣的是，合法性程度本身可能是执法水平的一个函数。如果明确的执法力度薄弱（如审计很少），合法性可能会受到侵蚀，这就会削弱纳税人遵守法律的内在意愿。除了对合法性的看法，Tyler（2006）强调了个人道德在影响遵从行为方面的作用。暂且不论人们对政府要执行法律的看法，当人们认为法律是公正的，人们会更愿意守法。这种个人判断可能很复杂，例如在卫国战争期间的军事开支可能会被认为公正合理而被容忍，但在反战时期军事支出却会遭到反对。[10]

Levi (1998)强调了互惠利他主义的作用,其中一些纳税人的行为取决于行为、动机和非特定意图的个体子集,而就政府本身而言:当公民认为政府将按照自己的利益行事,政府行事程序公正,对国家和他人的信任得到相互报偿,那么人们更有可能成为合作纳税的"特遣队"(contingent consenters),即便从短期的物质利益考虑搭便车是个人的最佳选择。

如在试验室的研究那样,与这些非标准行为有关的许多证据来自人们如何对他人行为做出反应。但个人对待政府的心理态度,可能与他们对其他人甚至其他组织的态度根本不同。个人可能会觉得自己应对政府更负责,甚至是服从政府。然而,顺从这个词的使用,却唤起个人与作为权威代表的政府之间关系黑暗的一面。事实上,耶鲁大学心理学家 Stanley Milgram (1963)所做的恶名远扬的试验表明,不知情的被试者会愿意在权威人物的指导和鼓励下,实施他们认为的实质性电击。在第 10 章我们再回到这个问题。

3.2 逃税的实证分析

逃税的实证研究关注什么因素决定了逃税的程度和性质,以及逃税对政策的反应。威慑模型只考虑到了决定因素的一小部分:(1)以纳税人的行为为条件,逃税被查获和惩罚的可能性(可能是内生的);(2)以纳税人的行为为条件,对被发现逃税行为的惩罚;(3)边际税率(在有些模型中);(4)纳税人的风险规避。非威慑模型考虑了一系列其他因素,如税收道德,对公平的看法,利他主义和对权威的态度。

不过,这两种模式都不能确定逃税的规模,或者更重要的是,不能确定它如何依赖于政策环境,并进行实证分析。唉,不要说逃税对政策的反应,逃税程度的决定都不是直截了当的,原因可能有两个。首先,非法逃税和合法避税的分界线是模糊的。例如,根据美国的法律,逃税是指一个人通过欺诈行为,违反法律支付少于法定应纳税款的情况。根据联邦和州法规,逃税是一种犯罪,被判有罪的逃税者将会被判处徒刑、罚款,或两者兼有之。公开行为是引起所得税逃税罪的必要条件；为此，政府认定逃税必须说明纳税人的行为是有意误导的故意行为。各国法律对逃税的定义各不相同。然而，由于对税法的无知或混淆（正如有些纳税人多缴税款），有些税收低报是疏忽大意的无心之误。

虽然这个问题的理论模型一般将其视作故意低报纳税义务，但实证分析不能准确地识别纳税人的意图，因此不能将故意和疏忽分开。他们也不能在税法的复杂领域，将违法与合法准确区分开来。尽管“逃税”一词通常是指蓄意的非法行为，然而识别这种行为的困难被反映在相关不同术语之中，如逃税、不遵从、误报和征税缺口。

实证分析的最大挑战是衡量逃税。接下来我们转到这个问题。

3.2.1　方法论途径

逃税者的隐瞒行为使逃税的实证分析尤其具有挑战性。也许是由于惩罚的威胁和社会羞耻，纳税人不愿意准确地回应调查，所以我们在下一章中讨论的税务机关的彻底调查，是一个逼近真实逃税程度的有前途的方法。由于研究人员通常无法获得随机审计的数据和结果，因此文献中采用了一系列的间接方式。Slemrod 和 Weber(2012)认为，从创造性实证方法的综合与源自逃税理论的限制中，可以得到很多东西。

Slemrod 和 Weber(2012)所称的“收入痕迹”(traces-of-income)法取得了进展，研究者通过寻找与真实收入相关的变量来预测真实收入，将预测的真实收入与报告收入对比倒推出逃税的程度。该方法的开创者 Pissarides 和 Weber(1989)使用英国家庭支出调查中的食品消费数据来估计逃税的程度。假设只有自雇者逃税，而且食品消费与真实收入之间的关系与就业状况无关，那么他们可以预测出真实收入，调查样本中的自雇者低报了收入。如果将自雇者在调查中的报告收入与其向税务机关的报告收入相匹配，他们估计英国的自雇者平均低报了三分之一的收入。

Gorodnichenko 等人(2009)采用相同的逃税痕迹法(traces-of-evasion)估计了俄罗斯 2001 年单一税制改革对逃税程度的影响。使用包含报告消费、收入和一系列家庭特征家庭面板数据，他们估计每个家庭观察到的消费—收入差距函数（作为逃避痕迹），然后用双重差分法(difference-in-difference technique)估计了税收改革对消费—收入差距的影响。他们的处理组是税改前后边际税率从31%或21%下降到13%的高收入家庭,作为控制组的低收入家庭,在税改前后边际税率都为13%。他们运用的识别技术的一个很好的特点是与改革运行相反:他们使用改革后报告而不是改革前报告收入将纳税人分为处理组和控制组,避免了处理组与控制组分配和边际税率之间的内生性,因为在2001年之后所有纳税人都面临相同的不变边际税率。为了消除暂时性收入波动的影响——根据永久收入假说暂时性收入变化对当前消费的影响不大——在分析中他们使用报告的合同收入而不是报告的当前收入。Gorodnichenko等人(2009)估计了边际税率下降对自愿遵守的显著影响:与对照组相比,税率下降的处理组的消费—收入差异下降幅度高于对照组10%到11%。他们解释为,税率下降的人报告收入相对增加。值得注意的是,虽然边际税率没有变化,但对照组的消费—收入差距下降了大约17%,这表明伴随着税率变化,税收执法得到改善,尽管作者没有清晰的证据表明消费—收入差距下降是由于税收管理。Gorodnichenko等人(2009)估计了税收变化对消费(而不是消费—收入差距)的影响,相对于0.376的逃税弹性,边际税率的劳动收入弹性为较小的−0.044。单一税改革的福利效应主要取决于逃税的实际资源成本,而不仅仅是一种转移。作者倾向将逃税的私人边际成本的一半归于转移成本,认为税收改革带来的总福利收益的一半源于逃税减少。

传统上,家庭调查中的收入报告被视为没有系统性的误报,主要是因为在调查中低报收入不会改变纳税义务。但是,Hurst等人*认为,对税收非遵从的个人来说,在家庭调查中准确地报告的好处如此之小,以至于即使报告的不是机密也可能导致低报。Hurst等人使用与Pissarides和Weber(1989)基本相同的方法,估计认为在消费者支出调查和收入动态研究组的调查中,自雇经营者收入约低报30%。他们指出,如果不考虑住户调查中自雇者低报的收入,会导致很多情况下的偏差,比如比较自雇经营者所占比例不同的城市收入水平,在生命周期内自雇工作的概率不同情况下研究生命周期收入,或者对工资收入者和自雇经营者所拥有的财富进行比较。

---

* 该文发表于*Review of Economics and Statistics*, 2014年第1期。——译者注

Feldman 和 Slemrod(2007)也采用了类似的方法,但避免使用调查的收入数据,而是采用所得税申报表中的慈善捐赠与报告收入相对关系作为逃税痕迹。他们发现,在其他条件相同情况下,自雇者报告收入为1美元,与工资和薪金收入为1.54美元的捐赠水平相同,这意味着,假设工资和薪金收入的非遵从率可忽略不计,且自雇人员在本质上并非比其他人更爱慈善——自雇者的非遵从率为35%;对于农业净收入,隐含的非遵从率为74%。有趣的是,自雇者收入报告值为负的纳税人也比没有自雇收入的纳税人报告的捐赠额要高,这表明平均而言,这些报告损失的纳税人有比较高的真实收入。[11]

通常认为,金融部门的发展通过生成税务部门可以获取的文件记录强化了税收遵从。然而,Artavanis 等人(2012)使用希腊十家大型银行其中一家的家庭微观数据显示,平均而言,自雇从业者的希腊从业者每月花费82%的月收入偿还债务,远远超过了许多银行在确定授信时采用的最多30%的经验法则。引人注目的是,他们发现拖欠率、每月还款额与报告收入之间存在较小的负相关系,这为隐报收入提供了令人信服的证据。由于金融部门的规范化与广泛的低收入报告并存,Artavanis 等人(2012)认为南欧银行必须熟练地从报告收入中推断真实收入,以保持竞争力。利用这一观点,他们采用计量经济学技术,通过职业类型来估算希腊自雇从业者低报收入的程度。基于工资收入者的收入被准确地报告这一假设,他们使用报告收入,硬信息(例如信用记录、借款人特征)和银行可获得的软信息(如当地经济增长)估计了工资收入者的信贷供给方程式。假设这个信贷供给方程对于自雇者是有效的,他们推断出银行可用于报告的自雇者收入的"乘数"。对于医生、律师、工程师和科学家,以及会计师和金融经纪来说,他们被估计出的乘数大于2,表明这些职业的报告收入不到银行推断的真实收入的一半。如果银行对任何额外的收入或评估的收回风险打折,或者如果信贷供给方程是有偏的,因雇员逃税乘数也适用于工薪者报告的收入,这也可能被低估。

在某些情况下,只有对逃避者有意义的行为才能被用来推测不遵从行为。Slemrod 和 Weber(2012)提供了超速驾驶者用来避开检测的雷达探测器的非税式示例:遵纪守法的驾驶者没有动力投资雷达探测器;然而,并不是所有的超速驾驶者都拥有一个雷达探测器,所以测量雷达探测器的存量不太可能全面估计出不遵从的程度。事实上，如果“逃税痕迹”是一个很好的指标，它也很可能会受制于假定的税收或某种形式的威慑，从而减少了它在均衡中的使用和衡量不遵从行为的信息。

与间接调查手段相比，随机田野实验可以为特定政策干预的因果影响提供令人信服的证据。在将这种方法应用于逃税研究的第一个例子中，Slemrod 等人(2001)在明尼苏达州进行了一项实验，发给作为处理组的纳税人一封信，告诉他们的纳税申报表将被“仔细检查”。Kleven 等人(2011)在丹麦进行了类似的，但更全面的研究。他们得出，审计威胁函(以及之前的审计)对自我报告(而非第三方报告)收入有显著的正向影响。

尽管设计良好的随机控制实验具有无与伦比的内在效度，但结果可能会“放大”，并不总是很清晰。一般均衡效应可能很重要，如果没有理解政策干预影响纳税者行为的因果渠道，在不进行反复的实验的情况下就不可能预测政策干预变化的效应。此外，一些在实验环境中可信的干预可能在整个经济环境中不可信。例如，Kleven 等人(2011)给处理组 50%概率和 100%概率的审计威胁函，但纳税人可能知道如果该行为扩大到整个社会，那成本会极高而难以施行。实验室实验提供了一种更便宜的手段来评估广泛的政策干预措施，并能更精确地控制环境，但其存在这样的缺点，即如果实际上相同的干预措施得以实施，那么被试者(通常是学生)在试验室中的反应，可能不会与干预政策在现实中实施时他们(或者更具代表性的纳税人)的反应相同。

3.2.2 逃税总量

美国国内收入局(IRS)对联邦税收不遵从程度和性质进行了最仔细和全面的评估。从 1979 年开始，国内收入局就定期估计所谓的“征税缺口”(tax gap)，即应缴纳的税收中没有及时自愿上缴的数量。这些研究分别估计了因应申报而低报、未申报(nonfiling)，以及未付或拖欠税款导致的未缴纳的特定税额。IRS通过结合源于随机强化审计程序(最初被称为纳税人税收遵从测量项目，缩写为 TCMP，现在被称为国家研究项目，简称为 NRP)的信息，以及正在进行的执法活动和关于收入来源的专门研究(如非正规供应商的小费和现金收入，例如保姆和房屋装修工作等，即使是在高强度的审计中也很难发现)中获得的信息,进行估计。为了纠正审计师判断中可能出现的偏差,最近的征税缺口研究利用了最早由 Feinstein(1991)开发的修正方法。⑫

表 3.1 列出了 2006 年纳税年度 IRS 征税缺口数据,这是基于 NRP 对个人所得税的研究,以及根据先前对其他税收的研究推算得出。总的征税缺口估计为 4 500 亿美元,相当于 16.9%估计的实际(已付加未付)应纳税额。在 4 500 亿美元的估计中,IRS 预计最终将通过执法和征收活动收回 650 亿美元,2006 年纳税年度的"净征税缺口"(即应征未征税)为 3 850 亿美元,这是实际应纳税额的 14.5%(IRS, 2012c)。

表 3.1 2006 纳税年度征税缺口构成(十亿美元)

估计的总税收义务	2 660
总征税缺口	450
未填报	28
支付不足	46
低报缺口	376
个人所得税	235
非经营所得	68
经营所得	122
调整、扣除、免除	17
抵免	28
公司所得税	67
小规模(总资产小于 1 000 万每月)	19
大规模(总资产大于 1 000 万每月)	48
雇佣税(employment tax)	72
财产税(estate tax)	2
征收和其他后支付的税收	65
净征税缺口(net tax gap)	385

资料来源:IRS (2012c)。

其他国家没有像美国那样对逃税进行广泛的分析。澳大利亚、加拿大、瑞典和英国已经为选定的税收和纳税人群体实施了小规模的随机审计项目,但这些项目的详细结果一般不公开(尽管他们可能会报告其机构的风险管理评估和资源分配决定)。瑞典税务局(2004)估计,1997 年征税缺口占税收的比例为9%，2000年为8%。尽管英国没有官方公布的估计，但一份官方文件推测，"英国的征税缺口与瑞典和美国相差无几"（O'Donnell，2004）。

虽然TCMP-NKP分析确实是世界上最全面的，也许也是最可靠的，但它们并没有免受警告。某些类型的不遵从行为本质上难以衡量，特别是一些商业活动不入账、以现金形式交易。根据对小企业主、会计师和银行家的采访，Morse等人（2009）认为，许多小企业现金经济并行存在，收取现金销售收入，以现金支付费用，用现金支付利润而不是银行存款。我们将在第6.3节中更详细地讨论他们的发现。

对增值税的非遵从估计也大致相同。据经济合作与发展组织（OECD）财政事务委员会（Committee on Fiscal Affairs）附属机构税务管理论坛（Forum on Tax Administration）2005年的一项保密研究显示，未遵从税收占应纳税额的4.0%至17.5%。这些估计通常是基于"自上而下"的演习，它将增值税的实际收入与理论税基和通过对影响增值税基数相关因素（例如免税货物的税收政策选择，或不同的税率）进行调整的消费支出得出的税额进行比较。英国最近的一份报告显示，2009年至2010年的增值税征税缺口为应纳税收的13.8%，在2002—2003年至2008—2009年期间平均为13.7%（HM Revenue and Customs，2011）。英国报告声称基于对提交（和未提交）的纳税申报表进行检查，自上而下地进行了"自下而上"的估算，但是这个程序的细节尚未公布。欧洲早期的研究发现，增值税的估计不遵从比例范围广泛（Agha and Haughton，1996）：1986年英国有2%到4%的未收收入（Tait，1988），意大利（Pedone，1981）40%的收入没有征得，1976年荷兰为6%，1980年比利时为8%（Oldman and Woods，1983）。Silvani和Brondolo（1993）报告了19个主要发展中国家的增值税净逃税率的计算结果，逃税率中值为31.5%；新西兰最低，为5.1%；秘鲁最高，为68.2%。

最后，对于所谓的"影子""非法""地下""非正规"或"黑色"经济还有大量的跨国估计。虽然影子经济的定义往往不够精确，但是它通常要求服务的生产和分配本身不是非法的，而是通过偷税漏税或绕开法规变得非法。地下经济通常被认为是GDP的一部分，而不是纳税义务，包括不受法规约束的商业活动，但也不产生应纳税所得额。它也排除了一些形式的逃税，例如夸大减免和抵免，以及使用复杂的避税手段。尽管存在这些定义上的差异，但营业收入的低报，尤其是所有者收入(proprietor income)是地下经济估计的焦点，也在包括美国在内的征税缺口估计中占有相当大的比例。

估算地下经济的方法通常依赖于从可测量的数据(如货币需求、电力消费、国民收入账户)推断地下经济的水平或趋势。例如，Feige(1989)通过假设大多数未报告的经济活动是以现金形式进行的，而且存在一个没有地下经济的"基础年"，由此来估计地下经济的规模。同样，Tanzi(1980，1983)开创了一种基于回归的方法，解释现金占货币量(宽泛定义的货币为M2)的比例，并将税率变化所解释的比例作为地下经济规模变化的一个指标。要验证这些估计的准确性是非常困难的，Tanzi(1999)也表示："只要估计值前后不一致，就不能为政策提供多少指导……"。Schneider(2005)根据Breusch(2005)提出的一个引人注目的方法，构造出非正式经济最全面的估计方式。正如Slemrod和Weber(2012)详细阐述的那样，这些研究可能会对影子经济的相对范围而不是数额给出更多说明，即使在不同时期和国家的可靠性有限。

3.2.3 不同收入来源的逃税

表3.1将2006年纳税申报表的总计NRP估计分解为多个组成部分。所有少报收入的三分之二来自个人所得税。就个人所得税而言，低报收入(而不是夸大减免、扣除、调整和抵免)，占个人少报税收的80%以上。经营所得，而不是工资或投资所得，约占少报个人所得的一半。被要求提交个人纳税申报表却未申报纳税的纳税人，占个人所得税征税缺口的不到10%。个人所得税约占估计少报的三分之二，企业所得税和雇佣税征税缺口分别约占总体少报少报收入的五分之一。

这些数据的一个引人注目的重要特征是误报率占实际收入(按收入或抵消类型)的百分比的巨大变化。根据IRS的分析，只有1%的工资薪金报告不足，8%的应税利息和红利等收入被误报(这些百分比不包括未填纳税申报表的低报)。当然，工资和薪金、利息和红利都必须由支付者向IRS报告；此外，工资薪金由雇主代扣缴税款。自雇收入不需要信息报告或预扣，预计不遵从率要高得多。估计有56%的非农业所有者收入、租金、特许权使用费和其他收入，很少或根本没有报告信息，收入也没有被公开，总共有1 200亿美元,其本身约占估计少报总数的三分之一。

综合上前面讨论的不遵从的间接证据,有足够的证据表明,与工资、薪金、利息和红利等收入来源相比,个体经营者收入(sole proprietor income)的逃税程度非常高,可能超过其真实值的一半。我们认为,这种差异有力地证明了威慑模型的解释力。它也令人信服地呈现出背后的谬论,也许是超越威慑的最普遍的理由——它预测的遵从率比我们实际观察到的要低得多。例如,Feld和Frey(2002)断言,根据预期惩罚不可能解释税收遵从。如下所示:考虑到审计的平均概率(在美国,对于没有营业收入的个人申报,这一比例还不到1%),罚款的确定通常是基于未纳税额(在美国,通常为未支付税额的20%),根据从各方面对人们风险厌恶程度的了解,基于A-S威慑模型预测的税收非遵从水平应该远高于实际显露出来的程度。因此,这个讨论还在继续,除了威慑之外,还必然还有其他一些东西阻止了人们逃税。

但是,这种说法并不具有说服力,因为总体较低的审计覆盖率大大低估了主要收入来源逃税被发现的可能性。赚取工薪的雇员的应税收入和社会保险号码(social security number)被雇主以电子方式提交给国内收入局,在个人收入申报中没有如实报告收入的雇员进一步被审查的概率将是接近100%,而不是接近1%。这些不同的检查机会与上文所述的工资和薪金不遵从率(大约1%)以及自雇收入不遵从率高得多(超过50%)的证据大体一致。信息报告的核心作用通过IRS的数据得到加强,当数据显示出应税收入组成部分的信息报告不存在或价值有限,例如其他非工资收入和税收抵免,则会有相对较高的误报率。IRS(2012c)报告,信息报告分别为“很少”“一些”和“大量”的收入类型,其净误报率分别为56%、11%和8%,受到代扣缴和有大量信息报告的收入的净误报率仅为1%。误报率的相对大小与威慑模型完全一致。例如Andreoni等人(1988)一些研究表明,给出很低的查获可能,在很少或没有信息报告的情况下,净误报率只有56%,这表明有非威慑遵从的理由。但需要注意的是,这种非遵从率的估计特别容易出错。

因此,认真对待非威慑理论的原因,并不是因为威慑模型严重错误地估计了逃税的严重程度,而是因为有相当多的实验(和实例)证据表明,比起计算不道德行为成本效益的威慑模型,对逃税的研究还有很多工作需要开展。

本章后面我们将回到这个问题。

3.2.4 哪些人会逃税？

一个令人感兴趣的问题是不遵从的程度及其占收入的比例如何因收入阶层而异。Johns 和 Slemrod(2010)利用 2001 年 NRP 的数据对此问题进行了研究，该数据包含了 IRS 对约 45 000 份纳税申报表的分层随机审计结果。净误报率（以包括可能的超额报告在内的所有误报收入除以 IRS 估计的实际收入）随着实际收入稳步上升，收入在 50 万至 100 万美元范围内时误报率的顶点为 21%，接着下降。

相比之下，低报税收与实际应纳税额的比率随真实收入大幅下降，这主要是由于税法的累进性所致。正如 Johns 和 Slemrod(2010)所解释的那样，对于千万富翁来说，其被低估的收入份额和税收份额大致相同，因为他们的大部分收入都适用于最高边际税率，所以边际税率和平均税率大致相等。相比之下，以同样的比例低报其真实收入的低收入者可能会被推到一个较低的税阶(tax bracket)，并可能从额外的扣除中受益，所以他们的税收低报超过收入低报的比例。例如，少量低报可能会使低收入者无需纳税，在这种情况下即使逃税的数额很小，低报税收是实际应纳税额的 100%。

不遵从情况随着真实收入而上升的这一发现提出了这样的问题：这是否是由于高收入者平均而言更有可能获得容易低报的收入类型，或者因为高收入者在他们取得收入的收入类型上更容易误报。通过纳税申报表收入项目分析 NRP 数据，Johns 和 Slemrod(2010)发现，尽管高收入者收入项目的错报率一般较高，收入总体误报的大部分变化源于高收入者的收入中更多来自所有收入群体都会误报的收入形式，例如经营所得（在申报表 C 中）和长期资本收益。

税收不遵从似乎也与纳税人的其他一些可观察特征有关。根据 Andreoni 等人(1998)的研究，已婚的申报人和 65 岁以下的纳税人的平均不遵从水平显著高于其他人，Clotfelter(1983)和 Feinstein(1991)的计量研究控制了收入和边际税率，也得出类似的结论。Baldry(1987)的实验研究发现，男人比女人逃税更多。Kleven 等人(2011)发现，在非正规经营经济部门和在小公司工作，与税收不遵从正相关，但相对于代理纳税人和税务机关之间信息流动的指标(例如自雇收入),这些及其他社会经济因素都是不太重要的逃税预测指标。

在逃税问题上,似乎也存在严重的异质性。美国国民研究项目(NRF)的研究结论是,在由收入、年龄或其他人口特征定义的不同群体中,有一些人逃税,有些人没有,甚至有些人报多了纳税义务。例如,1988 年,报告收入在 5 万至 10 万美元之间的纳税人,60%的纳税人低报税收,26%的报告正确,14%的多报税收(Christian, 1993; 1994)。

3.2.5 企业税收非遵从

我们所讨论的证据表明,在小企业中的大量不遵从很少被审计出来,它们的收入未有信息报告和扣缴。但是,大企业是怎样的呢? IRS 估计,企业所得税的非遵从率为 17%,大型企业(资产超过 1 000 万美元)的非遵从率较低,为 14%,而资产规模不到 1 000 万美元的公司,非遵从率为 29%(Slemrod 2007)。[13]

我们应该如何看待这个发现呢? 首先,请注意,大公司的情况大部分基于业务审计而不是随机审计,因为多数的大企业有常规的审计,并将审计信息用于企业征税缺口的估计。审计组提出的少纳税额(deficiencies)并不是测度企业实际不遵从的一个完美方法。由于税法的复杂性,实际上就是什么是实际应纳税额——导致什么是实际的不遵从,往往就不太清楚。其次,任何的审查都是不完美的。一些不遵从行为可能会被遗漏掉,还会将一些合法的税收筹划误认为是不遵从。基于这个原因,数据不仅仅要反映公司报告的情况,还应该反映税务机关的征管行为。应该知道,最终纳税义务的确定通常是一个可能会涉及或不涉及司法的长期协商过程,原始纳税申报表上的应纳税额,以及审计组确定的少纳税额,可能是一个策略上的"公开标的",它并不是对当事人"真实"应纳税额的最好估计。IRS 局长 Mark Everson 向总统税制改革顾问委员会证实,IRS 有"交易(处罚)的名声",它"总是为了不遵从纳税人的利益在征管服务中持积极立场"(Everson, 2005)。

基于之前 IRS 未披露的业务审计和上诉数据,与企业纳税申报资料合并,Hanlon 等人(2007)估计,拟议少纳税额有 60%纳税人是认可的,或后期认同的。这 60%的认可率对所有公司来说几乎是上限,然而,因为在数据收集时,它排除了(更多有争议的)尚未处理的纳税申报。他们也发现了最大的企业(资产超过 50 亿美元)有最大的税款少交比(74%)和最高的拟定少纳税额率(14.6%,而其他六组的百分比为 9.9%到 13.4%)。这个发现与运营更复杂的大企业拥有更多税收不遵从机会(被 IRS 发现的)相一致。与此同时,还有一些证据表明企业的不遵从率是与企业规模之间呈 U 形关系,在大企业中拥有中等规模企业的税收不遵从率最低。

总体来讲,Hanlon 等人(2007)发现私有企业的拟定少纳比率比上市公司高(17.1%与 12.5%)。私人控制的企业在谋求低税负中更为激进,因为他们有较少的资本市场压力,所以他们能舍弃财务报表的利润以减少交税。他们还发现,公司持有的无形资产的数量(以研发费用和市净率作为代理变量)与它的拟议少纳税额比之间存在正相关关系,这与这些公司拥有更大的税收筹划机会是一致的。最后,年度高管薪酬(即奖金和可行权股票期权的股权激励水平)的百分比与拟议少纳税额呈正相关关系,这表明高层管理激励可能产生更多的税收激进。

Rice(1992)使用 1980 TCMP(纳税人遵从测量)项目的数据研究了小企业的税收不遵从行为,研究中小企业被定义为 1980 年资产在 100 万到 1 000 万之间的企业。他的研究得出三个结论:(1)体现公开披露公司运营信息的公司特征(交易公开或受更高规制的行业)与更高的税收遵从有关;[14](2)企业盈利能力具有两个相反的效应,在没有监督的情况下(逃税便利),相对更高的利润可能会给企业提供有吸引力的低报利润的机会;(3)高边际税率与税收遵从负相关。

3.2.6 逃税的决定因素分析

A-S 威慑模型最令人信服的实证支持可能是,在不同类型的收入和扣除下的税收不遵从率的横截面变化。从各分项来看,不遵从率和存在的征管机制呈现出负相关性,例如信息报告和雇主代扣。Klepper 和 Nagin(1989)有力地证明了在不同项目中,不遵从率与项目可追溯性、隐蔽性和模糊性的代理变量负相关,相应的与逃税行为被检查和惩罚的概率有关。他们还发现跨项目替代效应的证据,例如一个具有更高不遵从度的项目,会降低不遵从其他项目的吸引力，因为增加后者会通过增加查获率从而危及前者的预期收益。威慑和税收遵从之间联系的另外一个例子涉及美国的使用税，该税适用于从州外供应商购买，但是在州内消费的商品。这些税收在很大程度上是难以被征收的(除了在使用中需要注册的贵重应税项目，如汽车、游船等)，多数专家相信其不遵从率超过90%。

然而，查处逃税对税收非遵从的影响不同于给定非遵从行为将被惩罚的概率，还没有力的经验证据。利用2001年NRP的审计数据，Phillips(2010)研究得出，如果事实上审计和查获不是随机的，而是有目标并依赖于纳税人低报的内在选择，A-S模型可以很好地预测逃税行为特征。特别是，当纳税人低报他的不可与第三方信息匹配的全部收入，并对有第三方报告的收入也开始低报时，被审计和查获的可能性更大。此外，边际上一美元的少报会增加被审计和查获的可能性，这反映了税务机构有能力较好地识别大额、明显的低报。

试图对威慑模型进行实证的验证和量化，也同样遇到源于评估税收不遵从数额的测量问题的困扰。Clotfelter(1983)使用TCMP研究中的截面微观数据检验发现，不遵从与边际税率显著正相关。正如任何税收对行为影响的截面数据研究一样，他们的方法有一定难度，因为边际税率是收入的(复杂、非线性)函数，在不作出强的函数形式假设的情况下，很难分别确定税率和收入效应。Feinstein(1991)分析了税率表改变后的两年数据，这在一定程度上减轻了这个问题，并发现边际税率对不遵从的负向影响。

Beron等人(1992)将TCMP数据汇总到三位数邮政区水平，并得出结论，增加审计的几率显著增加了部分而不是全部收入群体的报告收入和纳税义务。然而，不同区的审计率并不是外生的，可能反映了人口的遵从特征。作者以IRS资源相对于收入数量作为审计率的工具变量，认为IRS不可能分配其资源以达到目标；但是，这种方法在某种程度上是无效的，因为IRS成功地将其资源投向其税收遵从度低的地区。

在最近的研究中，Kleven等人(2011)采用了一种不太易受内生性问题影响的聚集法(bunching methodology)，以估计边际税率对逃税的影响。基于丹麦的随机税务审计实验数据，他们通过比较在审计前与审计后自雇者在所得税最高的折弯处(kink)以及股票收益税表的税级临界值处(bracket threhold)申报收入的聚集程度(bunching),来推测边际税率对逃税的影响。[15]审计之前应税收入在两个折弯处都有极大的聚集现象,审计之后所得税税率的折弯处的申报收入聚集程度下降,股票所得税折弯处的聚集程度变化比较小。他们认为,股票所得税折弯处的聚集主要是由于非交易股票的股利支付在法定时点的响应,相比之下,审计报告显示出的税收申报聚集是由于合法的收入操作和非法逃税。考虑到审计前和审计后应税收入弹性(ETI)的差异——在自雇者所得税分配的折弯处估计出,得出 0.076 的净边际税率变化的真实报告所得份额的补偿弹性。值得注意的是,对高边际税率的逃税反应远小于避税的反应,尽管这种差异程度可能是由于将未被发现的逃税归于合法的避税行为所产生的偏误。

随机的田野实验提供了税制参数影响的一个令人信服的证据源。研究人员必须克服税务机关对随机税率或税基实验的不情愿,以至于在此以前随机税收实验主要关注诸如与纳税人沟通这样的税制工具。正如在第 3.2.1 节中简单的讨论,在第一个例子中,Slemrod 等人(2001)分析了由明尼苏达州收入局实施的随机控制实验的结果。他们发现,收到一封说明会进行一定审计的通知的低收入和中等收入纳税人,其报告收入会略高于没有收到审计通知信纳税人的申报收入,且在统计上显著,而且对于那些有更大机会逃避的人来说这一申报会差异更大。然而,平均而言,收到审计通知的高收入纳税人报告的收入较低。作者推测,富有经验的高收入纳税人将审计看成一个谈判,并将报告的应税收入看作谈判中的公开(比较低)报价,报告并不必然决定不遵从的认定和处罚。

在奥地利的一项田野实验中,Fellner 等人(2013)通过向潜在的非遵从者发送奥地利电视台和电台授权费邮件,来测试其对遵从行为的影响。拥有广播或电视的奥地利家庭按要求须支付许可费,但因为年费的支付依赖于个人申报,公共播送信号的使用并不取决于是否缴纳费用,存在着逃避的机会。三种类型的邮件被随机分配到被识别为潜在的逃费者的子样本中,将样品中没有发送邮件的其他人作为对照组。所有邮件要求收件人在 14 天内说明为什么没支付费用,这些信的不同点在于:检查与处罚威胁的强调,公平遵从公正性的道德呼吁,再者,提供总体上高的遵从水平的社会信息。那些收到任一邮件的人在收到信后的 50 天内明显更有可能付款,但只有强调惩罚的邮件才有助于增加遵从行为。Fellner 等人(2011)将邮件的一般效应解释为“警告效应”,表明未付款已被注意到,其非遵从后果由威胁信息强化。

有关智利公司增值税遵从的田野证据表明,税务机关收到的信息报告与逃税水平之间的联系。由于公司只能就从税收合规的供应商那里购买投入品才能申请增值税抵扣,所以凭票抵扣的增值税系统有一个内置的(尽管不完美的)自我执行机制(self-enforcement mechanism)。采购的公司想要高报购买成本以增加抵扣,但卖方需要低估销售额以尽量少纳增值税。因为这些激励冲突——除了销售给最终消费者——信息报告由每个交易的双方向税务机关提供,增值税系统被认为极大地增大了逃税被查获的可能性。Pomeranz(2001)通过对超过 10 万名随机选择的智利公司发送审计威胁信进行检验,并使用了没有发送审计信件的超过 30 万家公司作为对照组。与自我执行机制的理论预测相一致,信件引起的增值税收入的增加(因此推断逃税水平)集中于企业向最终消费者销售层面,因为这个层面没有书面记录,这表明对提高公司税收遵从来讲,信息报告可以作为审计威胁的替代。与 Fellner 等人(2011)和 Blumenthal 等人(2001)在明尼苏达州的随机税收实验中的发现相一致,Pomeranz(2011)发现,有税收道德的倡导而没有声明要加强执法的邮件,对增值税的缴纳影响甚微。

为了打击小企业和自雇者偷逃销售税和利润税的行为,许多发展中国家采取了“反向预扣”(reverse withholding)的做法,大公司向小企业购买时向税务机关缴纳购买金额的一个固定比例,预扣金额可由卖方申请抵免自行申报的纳税义务。由于各公司的成本销售比率不同,实际纳税义务可能达不到或超过预扣金额,企业有权退税或需要额外缴纳税款。虽然预提并不影响公司的实际纳税义务,但在预扣率的审计概率通常不一致;那些因应纳税额低于预扣额而寻求退税的公司被审计的比率要高于缴纳额外税款的公司。Carrillo 等人(2012)基于厄瓜多尔的数据检验发现,在申报纳税义务刚刚超过预扣税额 1%处出现聚集(bunching),这表明企业操纵其自我报告的纳税义务与实际经济选择,以利用审计概率非一致最小化纳税义务。2007 年,一些企业被要求的预扣税率发生改变,以排除预扣率与实际纳税义务分配相等同,企业申报的聚集方式随之发生了戏剧性的变化。作为预扣代理人的大型企业提交的第三方销售数据和中间投入成本数据表明,聚集确实与逃税有关:至少10%的企业自己报告的销售量小于第三方报告数量。

虽然受到第3.2.1节讨论的注意事项的限制,但是实验室实验可以检验用田野和自然实验不可行的环境因素对税收遵从的影响,例如税率等税制因素和许多假设的非威慑性影响因素。在田野实验中,不能实验性地操纵的诸如对政府的信任等环境因素,也不能进行实验室实验。在实验室设置中,被试者不仅对逃税游戏的概率和风险作出反应,还对所提供的情景作出反应。Alm等人(1993)发现,被试者在第一次通过投票选择所缴纳税收的用途时,比起强加到他们身上的相同的税收用途,被试者会支付更多税收;当投票是决定性的时候比重要性不强时遵从度更大,并且强加的一个不受欢迎的项目会明显降低税收遵从。

很难区分人们缴纳税收是因为觉得"应该",还是因为不缴税受到惩罚,IRS监督委员会(2006)发起的一项调查对此给出了很好的说明。虽然96%的被调查者几乎或完全同意"交纳应纳税款是每个美国人的公民义务",但是62%的受访者表示,"担心审计"对他们是否报告或者"诚实地"缴纳税款有很大的影响。

关于个人对逃税态度的调查结果也显示,在威慑模型中没有考虑的因素可能很重要。Torgler(2003)和Slemrod(2003)表明,基于跨国样本,支持税收遵从的态度和对政府信任的态度之间存在着正向关系,Slemrod(2003)发现,同样的关系也存在于美国和德国的个人。当然,态度和行为是不一样的。[16]在捷克共和国2002年的一项民调显示,如果个人认为政府提供的服务不合格(Hanousek and Palda, 2004),那么此人将更有可能逃税。Feldman和Slemrod(2009)利用从1970年至今的关于国内冲突的跨国数据以及世界价值观调查(World Values Survey)对逃税的态度数据发现,对税收遵从的肯定态度随着一个国家冲突的数量和持续时间而增加,但随着冲突导致的死亡人数增加而减少。这表明广义的爱国精神可能会影响税收遵从性。Konrad和Qari(2012)发现无论是跨国还是一国内部,宣称的爱国精神与税务遵从态度之间存在着正向的关系,但他们的数据很难建立因果关系。这些研究都没有确定两种态度之间的因果关系,一些观察到的相关性可能是由于事后合理化的税收不遵从行为。此外,环境的某些方面与遵从态度的因果关系，并不一定意味着在给定威慑情景下这些环境因素的变化也会影响遵从行为。

事实上，在实际的税收遵从行为与例如对良知的诉求之间建立联系是困难的，尽管这样的诉求具有悠久的历史。Webber 和 Wildavsky(1986)指出，在汉谟拉比统治期间，一个纳税人说道："你为什么不给巴比伦 30 只羊作为你的税？你不以这种行为感到羞耻吗？"最近，Blumenthal 等人(2001)在一个现代的和平环境下，对明尼苏达州的纳税人进行的一项随机田野实验发现，没有证据表明呼吁纳税人良知的两封信的任一书面表达，对所得税的遵从有显著的影响。在两封信中，一封信强调了征得税收所支持项目的有益效果，而另一封信则传达了大多数纳税人都遵从税法信息。Torgler(2004)在瑞士开展的一项受控的田野实验，也发现道德劝说对纳税人的遵从行为几乎没有任何影响。

3.3 避税

3.3.1 定义

正如我们所指出的那样，经济学家通常将减少纳税责任的非法手段(称为逃税)和减少纳税责任的合法手段(称为避税)区分开来。当然，在某些情况下，法律是不清晰的，纳税人或税务机构或者两者都不知道哪个是哪个。但是，更重要的是，这种避税的定义并不符合经济学家的另一种常见用法，其避税一词并未包括纳税人对变化税率的"真实"行为反应，如减少劳动力供给，改变消费的时间路径，或者消费较少高税率的香烟，而是一种不同的行为类型。

如果不是对税率的所有的合法行为反应都是避税，那么如何才能有效地界定和区分真正的行为反应呢？一个好的开始是 Slemrod 和 Yitzhaki(2002)对避税的定义：纳税人努力减少他们的纳税义务，这不是由于税收的收入效应却并未改变纳税人的消费组合。这个定义涵盖了广泛的行为。它包括向税务专家支付报酬，以提醒所开展活动的可抵扣性。它包括改变特定经济行为的法律形式，例如将一项业务从 C 公司转移到 S 公司，将普通收入赋予资本收益的形式，或给消费贷款以房屋贷款之名。它包含着税收套利，在经济上相同但是适用税收存在差异的情况下，同时持有多头和空头头寸，以节省税收。最后，它包括稍微调整交易时间，以改变纳税年度，或稍微重新设计交易手段以改变其适用的税收类别。

真正的行为反应与避税之间的区别，并不出现在如最优商品税的标准模型中，在模型中只有消费才会引发税收义务，而不允许任何其他可减少应纳税额的行为的存在。标准的最优所得税模型也是如此，个人唯一的决策是决定提供多少劳动，通过改变应税收入来影响纳税责任。

然而，在实际税制中，许多情况下引起税收责任的因素，不同于在程式化模型中引发税收责任的因素。零售环节的购买而不是消费触发零售税的纳税义务，通常决定纳税义务时间的是劳动收入而不是体力或脑力劳动本身。销售增值的资本资产引发纳税义务，而不是实际收益或消费本身。应税收入的实务上的定义在许多方面不同于海格—西蒙斯(Haig-Simons)的收入定义：消费加上资产净值的变化。例如，在美国，应税所得不包括雇主对雇员健康保险的缴款，而海格—西蒙斯的收入则包括在内。

在接下来的内容中，我们提供了一个正式的框架来区分避税与真实的行为反应，然后提供一些例子来说明这个框架。

3.3.2 避税模型和避税的超额负担

除被最终消费或者更一般的个人效用函数之外的因素决定外，纳税义务的一个结果是效率额外成本的上升，我们将其称为“避税的超额负担”。⑰为了使这个论证正式化，需要考虑以下设置。纳税人选择消费 $c=(c_1, \cdots, c_n)$ 使效用 $u=u(c)$ 最大化，面对的预算约束为 $\sum_{i=1}^{n} p_i c_i \equiv p \cdot c \leqslant A$，$p=(p_1, \cdots, p_n)$ 是消费品（休闲是消费品的组成部分）价格向量，收入 A 是外生的。因此，纳税人的效用最大化是

$$v(p, A)=\max_c u(c) \quad \text{s.t.} \quad p \cdot c \leqslant A \tag{3.8}$$

现在把进入纳税人效用函数的消费品转化函数(transformation function)纳入标准模型。我们假设 $c_i=h^i(x)$，$i=1, \cdots, n$，其中 $x=(x_1, \cdots, x_n)$ 代表消费品生产的投入品。⑱而 $H=\{h^i, \cdots, h^n\}$ 包含了每个消费品的转

换函数。我们简述如下例子，其中这些投入品的作用和解释是不同的。[19]当投入 x，代表纳税人采取的行动，如购买商品和寻求税收减免，消费者选择 x 以实现：

$$p \cdot c \equiv \min_x q \cdot x \quad \text{s.t. } h^i(x) \geqslant c_i \quad \forall i = 1, \cdots, n \tag{3.9}$$

其中 $q=(q_1, \cdots, q_n)$ 是用于生产每种商品 x 的投入向量的单位成本，可能取决于每种投入品的使用量。纳税人的效用最大化问题可以简化为选择投入向量 x：

$$v(q, A) = \max_x u(h^1(x), \cdots, h^n(x)) \quad \text{s.t. } q \cdot x \leqslant A \tag{3.10}$$

如果税务机关能够对效用的基本决定因素进行征税，在此例子中 c，那么我们回到第 2.3 节展示的标准拉姆齐最优商品税问题，即使在次优的情况下，超额负担是由纳税人选择引起的消费向量扭曲造成的。但是，一旦我们认识到税务机构往往不能对效用的基本决定因素 c 征税，而是仅限于对 x 征税，则会产生另外的额外负担。[20]标准的超额负担对应于 $c=(c_1, \cdots, c_n)$ 中反映有效税率补偿变化的替代效应；除了对效用 c 的决定因素征税所发生的之外，避税额外的超额负担对应于用来生产各消费单位 c_i 的向量 x 的替代效应。与 Diamond 和 Mirrlees(1971)类似，其依赖于对应于生产投入品税收的税基 x，而不是纳税人效用函数的参数 c。纳税人选择的社会次选投入品向量 x 被认为是一种“效用生产”(utility production)的扭曲。

第 2 章定义的总超额负担的等价变化可以分解如下：

$$EB_{ev} = \underbrace{[E(0, v(0, A)) - E(0, v(\theta(c), A)) - G)]}_{a} - \underbrace{[E(0, v(\theta(x), A)) - E(0, v(\theta(c), A))]}_{b} \tag{3.11}$$

其中，$E(0, v)$是在没有税收的情况下达到效用水平 v 所需要的支出，$v(\theta(x), A)$是以选择最佳的方式对投入品 x 征税筹集 G 美元税收所达到的效用水平，$v(\theta(c), A)$是以最佳的方式对效用函数 c 征税筹集 G 美元税收所达到的效用水平。a 项代表了因消费决策被扭曲产生的税收标准超额负担，而 b 项代表了效用生产的扭曲(the utility production distortion)。

3.3.3　消费品的特征

Barzel(1976)提供了一个税收诱致避税行为的例子，其中，在仅有商品被征税时效用依赖于商品的特征，这一例子很适合本框架。假设一个消费者购买一个消费品 c_1，这个消费品是由一个竞争性公司按商品两特性的不同组合以可变比例生产 $x=(x_1, x_2)$。假设 c_1 的产量和纳税人的消费向量中所有其他商品之间不存在相互依赖关系，其他消费品我们用 c_{-1} 来表示。借鉴 Lancaster(1966)和 Gorman(1980)对消费者偏好形式的开创做法，效用来源于商品特征属性，所以除了通过消费品的特征属性之外，消费者购买的商品本身并没有进入效用函数。如果税收导致商品以社会无效率的投入组合进行生产，那么在这种情况下就会发生避税行为。使用如下函数形式时，我们的避税框架可以包容这个示例：

$$H=\{h^1, \cdots, h^n\}$$

$c=(c_1, \cdots, c_n)$ 是购买的消费品向量

$q=(q_1(1+t_1), q_2, \cdots\cdots, q_n)$ 是投入成本向量，第一种消费品要被征税

$$c_1=h^1(x_1, x_2)$$
$$c_i=h^i(x_{-1})\text{，其中 } i>1$$
$$u_1>0$$

一个具有规模报酬不变的生产技术的竞争性企业，使用成本最小化的投入组合(x_1, x_2)来生产消费品 c_1：

$$p_1=\min_{\{x_1, x_2\}} q_1(1+t_1)x_1+q_2x_2 \quad \text{s.t. } h^1(x_1, x_2)\geqslant 1 \tag{3.12}$$

单位 c_1 的价格为 p_1。企业的成本最小化一阶条件为：

$$[\partial x_1] \quad q_1(1+t)=\mu\left[\frac{\partial h^1}{\partial x_1}\right] \tag{3.13}$$

$$[\partial x_2] \quad q_2=\mu\left[\frac{\partial h^1}{\partial x_2}\right] \tag{3.14}$$

其中，μ 为公司成本最小化问题的拉格朗日乘子。在标准模型中，对第一种

商品 c_1 征收税收会减少该商品的(补偿性)需求,并产生额外的负担,但是当税收只征向商品一个特定属性时,如在这里是 x_1,追求利润最大化的企业出于经济考虑,将以不征税的第二种特征来替代第一种特征。以社会无效率的投入组合进行生产所产生的额外扭曲,在此例中表现为避税的超额负担,这被标准模型所忽略。

为了说明这一点,按照 Barzel(1976)的说法,消费品是一个灯泡,第一个特征是亮度,第二个特征是耐久性。假设消费者只看重照明的持续性,而且灯泡在某个随机的失效时间之前保持了完美的质量,消费者应该愿意为一个寿命为 1 年的灯泡和两个寿命为 6 个月的灯泡支付相同的金额,为简单起见,换灯泡的成本被忽略。在没有税收的情况下,市场将以最低的成本提供一个至少能够照明的灯泡。但是,如果每个灯泡消费税的征收不取决于灯泡的耐用性,生产者将会增加灯泡的耐用性,因为更持久耐用的灯泡所需的购买更少,从而以一个较低的含税成本为消费者提供给定的光照服务。由于所销售的每个灯泡的质量更高,使用耐久性越强,所观察到的灯泡市场价格可能会比所征收的消费税增加更多,与之相对的是,忽略了税收引起质量变化的标准模型的预测。在更现代化的背景下,金融产品的可替代性和资本所得税的不连贯性意味着可以通过多种证券组合来提供同样的资金流,而不同的税收可以决定投资组合的存在形式。在第 11 章中,我们回到这个问题上,并且详细讨论 Kleven 和 Slemrod(2011)的模型,他们讨论了如何设定商品税以避免超额负担,他们称之为税收引起的生产创新,其中 Barzel(1976)给出了一个特例。这个讨论提出为什么税制广泛依赖于产生避税超额负担的税基。问题的答案是,他们可以降低税收制度的其他成本,比如在第 4 章中讨论的管理成本和遵从成本。

3.3.4 时间转换

在这一框架内,我们把税收引起的消费时间变化看作是一种真正的行为反应。但将大部分的对税收的跨期反应看作是避税更合适。这是因为一些严重影响时间选择的税收并非基于消费时间(timing),一个显著的例子是基于收付实现制的资本利得税——改变一项升值资的售出时间并不需要改变其消费时间。因此,我们观察资本收益实现的时间响应,超过我们对消费跨期替代预期一个数量级。一个特别引人注目的例子是资本收益变现对1987年1月1日发生的资本利得税率增长的反应，这在1986年秋季已经充分预见到了。1986年资本收益实现总额是过去任一年或此后数年的两倍。根据Clausing等人(1994)记述，1986年12月公司股票的资本利得实现率比上年12月高出7倍。Goolsbee(2000)提供了另一个时间响应的明显例子，美国最高个人所得税税率预期在1993年提高之前，企业高管在1992年实现了非常高的收入，主要是通过行使非限定股票期权实现的。[21]

研究显示税法的预期变化会影响生育(Dickert-Conlin and Chandra, 1999)、婚姻(Alm and Whittington, 1999)，甚至死亡(Kopczuk and Slemrod, 2003)的时间。使用面板数据的成熟计量经济技术已经被开发出来，用于从税率变化的持续行为反应中分别识别出随时间变化的税率改变对行为的时间选择的影响。这些新方法已被应用于研究资本收益实现(Burman and Randolph, 1994)、慈善捐款(Randolph 1995; Bakija and Heim 2011)，以及住房转让税(Slemrod and Weber, 2012)。在所有这些例子中，结果表明时间选择效应(timing effect)超过了持久效应。

3.3.5 税基转移和重新定义活动

在许多税收系统中，一个既定的收入可能被征税，而另外的收入适用不同的税率，这为收入从适用高税率的税基向适用低税率的税基转移提供了激励。在其他情况下，在给定的税基内某一特定活动可能被赋予可享受有利税收待遇的特征。税基转移的典型例子是将普通资本或劳动收入转化为获得税收优待的资本收益。Maki(1996)和Scholz(1994)已经证明，在1986年的税收改革法案之后，大量消费贷款(利息不再可扣除)转变为利息可扣除的抵押贷款或房屋净值贷款。有证据表明，在美国引入研发税收抵免之后，许多商业活动被“发现”都有显著的研发内容。MacKie-Mason和Gordon(1997)发现，当1986年税收改革法案将个人所得最高税率降至低于公司税率时，C公司的营业收入大幅向S公司转移，后者像合伙企业一样征税，因此不需要缴纳企业所得税。Gordon和Slemrod(2000)通过补偿方法讨论了收入在企业和个人税基之间的转移，并证明在美国存在这种转移。Pirttilä和Selin(2011)指出，为了应对在芬兰实行双重所得税制，相对于劳动收入，对资本按照明显较低税率征税，自雇者（而非雇员）将其报告收入转移为资本收入。de Mooij和Nicodème(2008)的一篇论文研究了收入从个人到企业税基的转移程度，研究解释了这样一个事实：1980年之后的欧洲，伴随着企业税率的下降企业税收与GDP的比率上升。基于对欧洲面板数据的分析，他们发现这一效应在企业税收收入中占12%至21%，自20世纪90年代初以来，公司税收占GDP的比率上升了0.25个百分点。Sivadasan和Slemrod(2008)表明，当印度取消了对合伙企业支付给合伙人工资的惩罚性税收时，受到政策变化影响的公司——而不像其他不同的组织形式的公司，迅速而普遍地将利润转移为管理者工资。

跨国公司（MNCs）将应税公司利润从高税率转向低税率国家，这或许是收入转移的最典型的例子。众所周知，跨国公司可以通过各种技术方法转移利润。一种方法是操纵国际公司间的交易价格，高估高税率国家的进口商品价格，并低估出口价格。Clausing(2003)报告的一些直接证据表明，与收入转移相同方式的公司内部交易价格偏离了"公平交易"价格（arm's-length prices）。其次，跨国公司可以通过其财务结构影响国际上应纳税利润的分配，特别是通过将（高利息）债务分配给高税收国家的子公司。最后，跨国公司可以向高税收国家分配共同费用，例如研发费用或总部服务费，从而减少这些国家的会计利润。低税收国家的子公司应该为这些服务的使用支付公平的价格，例如，利用研发形成的无形资产的使用费，但在实践中，有很大的操纵空间。

由于这些利润转移的策略通常不是直接可见的，研究人员经常借助于寻找这种行为的痕迹：成功的国际利润转移会减少跨国公司在高税收国家报告的利润。Grubert和Mutti(1991)对该问题的最先研究表明，观察到的美国跨国公司在高税率和低税率国家报告利润的模式与收入转移行为是一致的。Hines和Rice(1994)指出，在1982年，美国公司在避税天堂的实际和金融投资都有极高的利润率。这与无收入转移的理论预测完全相反：高税国家必须提供更高的税前收益，从而产生类似的税后回报，才能达到均衡。

相反，跨国公司有动力将利润转移到低税国家。其他几个研究是基于美国的数据，Hines(1999)发现，低税收国家的报告利润更高，而高税收国家的报告利润更低，这与通过操纵转让价格转移利润及在不同地区间转移收入的其他方式是一致的。Demirgüc-Kunt 和 Huizinga(2001)发现,80 个国家的外资银行报告的盈利能力与国内最高的法定税率负相关,这与国际利润转移具有一致性;Bartelsman 和 Beetsma(2003)发现 OECD 国家部门层面报告的增值额与法定税率负相关。Harris 等人(1993)利用企业层面的数据发现,在低税国家设有分支机构的美国制造业企业,在其他条件不变的情况下,单位资产或销售额有相对较低的税收支出;而在高税率地区设有分支机构的企业,在美国有更高的税收支付,这表明美国制造业公司确实从事了收入转移。Grubert 和 Slemrod(1998)考察了美国公司的波多黎各分支机构的收入转移情况,直到最近,波多黎各和美国都根本没有对这些分支机构征税,这使得将美国母公司的应纳税收入转移到其在波多黎各的分支机构具有吸引力。分析表明,收入转移的利益是美国企业在波多黎各投资的主要原因,实践证明外国直接投资主要集中在收入转移能力强的行业:高利润、无形资产密集型行业。

3.3.6　金融交易

与其他领域相比,金融产品税收的避税问题会更加严重,而且在经济上更重要。正如 Weisbach(1994—1995)和其他人指出的那样,税法分别规定了股票、债务、期权、远期合同、期货、互换和其他金融工具的单独规则,适用的税率不同。例如,债务和股权可能在某些情况实质上难以区分,尽管它们是分别征税的。现有的金融工具可以组合成单一的证券,创造一种混合的工具,组合的工具可以产生类似于另一种工具所产生现金流的税收工具,现金流可以被分割为不同的金融工具并被出售。在极端的情况下,不一致的税收待遇创造了纯粹的税收套利的可能性,在这种情况下,纳税人可以以不同的形式购买和出售相同的资产,并从有差异的税收待遇中获利,而不会产生其他经济后果。在所有的这些情况下,节税(tax saving)是在很小或没有改变控制权状态下实现的,因而,这是因规定而产生的避税。

在某种程度上,这些不一致之处缘于实现原则的偶尔使用,某些交易(例如销售增值资产)引发了税收责任,这经常是出于管理能力的需要,因为公平交易价格是可得的。在其他情况下,另一种选择是"按市值计价"征税,即尽管在没有交易的情况下,也需要对资产和负债估值。因此,试图节约征收成本会导致避税机会的产生。

Stiglitz(1985)在早期试图根据税收套利将避税分类。Stiglitz(1985)区分了所得税避税的三个基本原理:延迟税收,面对不同税阶(tax brackets)的个人进行的税收套利(或者同一个人在不同的时间面临不同的边际税率),以及正如我们所强调的,在对不同收入来源采取不同税收对待中的税收套利。许多避税手段涉及这三个原理的组合。[22]在Stiglitz(1985)所用的例子中,个人退休账户(IRA)的基本特征是延迟纳税直至退休;如果个人在退休时面临的税率低于赚取收入时的税率,那么可以利用个人退休账户在不同税率之间进行税收套利。最后,如果个人可以借款到个人退休账户,而支付给退休账户的利息可税前扣除,那么个人退休账户可在两种形式的资本之间税收套利,其中一种是征税的,另一种是不征税的。Stiglitz(1985)认为,在完善资本市场中,可以利用这三个原理来消除所有的税收,同时使个人的消费和遗赠相对于无税收的情况不变,且不会面临比原来更大的风险。[23]但是资本市场并不完善,因此所有的应纳税收不能通过避税来消除,要减少税收负担,需采取扭曲的行为(例如投资于更容易将普通收入转化为资本收益的行业)。有大量的实证证据证明了这些避税行为的程度和税收敏感性。

3.3.7 消费与购买

正如我们所提到的,消费税的标准理论模型不区分消费和购买。但是在大多数消费税体系中,纳税义务是由购买、零售税下的零售购买,以及增值税下的企业间收购引起的。这在很多情况下都很重要。当消费者预期税率变化时,他们有加速购买的动机,以应对税率上升(或放慢购买以利用减税优惠)。随着时间的推移,购买比消费更容易替代,特别是若它们是耐用品和可储存非耐用品时,这增加了单位税收产生的扭曲。Cashin(2012)、Cashin和Unayama(2011)分别记录了新西兰和日本增值税变化的现象,后者的研究发现税收诱致的跨期替代性购买的四分之三是由耐用品和可储存的非耐用商品和服务引起的。Cole(2009)提供证据表明,在美国有些州销售税免税期(tax holidays)购买具有大的时间变动弹性,在此期间,对一系列商品(通常是服装、学习用品,偶尔还有个人电脑)不征收销售税。没有人怀疑在免税期间这些商品的消费频率要高得多。具有时间特征的被扭曲的商品购买产生了避税超额负担。

消费和购买的区别也出现在特定地区。美国有零售税的州，通常对购买州外生产但在州内消费的货物征收相同的税率；在当前，不仅仅是通过互联网购物，大部分购买都属于这种情况。最高法院裁定，在大多数情况下，州外供应商不需要将税款交给购买者的居住州，而是由买方/消费者进行使用税（use tax）申报和缴纳。加利福尼亚州估计，尽管加利福尼亚州的所得税申报表“提醒”人们的使用税义务，但每年约 10 亿美元的使用税始终没有缴纳，遵从率为 1%（Legislative Analyst's Office，2011）。请注意，这一生动的例子说明税收缴纳责任的地位极为重要，正如我们将在第 6 章所讨论的那样。

消费和购买之间的差别，也是通过对个人信息编码的智能卡来实施个性化零售税提议的致命弱点。这样的系统当然可以在收银终端（依赖于购买者的编码信息）上征税，但不能阻止购买者和最终消费者之间的交易，从而破坏所欲实现的税收负担个人化。法定饮酒年龄以下的青少年很清楚这类的法律的类似漏洞。

3.3.8　总避税及其归宿

没有人试图计算避税与对应的总逃税的“征税缺口”。然而，有一些间接的证据表明，避税产生的征税缺口很大。Gordon 和 Slemrod（1988）测算得出，美国 1983 年的所得税制度从资本收入征税中获得的收入接近于零，这源于单纯的所得税、收入转移和税收套利等方面的立法偏差。[24]至于避税机会的归宿，Agell 和 Persson（2000）及 Gordon 和 Slemrod（1988）认为，处于最低税率和最高税率的人通常具有更多税收套利机会，而对适用中间税率的个人避税不利。避税机会通常对应于低收入和高收入的个人，但也有例外，高收入个人受益于他们拥有的享受税收优惠的养老金资产。

3.3.9　逃税、避税和真实经济活动间的关系

在本节，我们区分逃税、避税和真实的活动，讨论三种行为反应之间的关系。在这一过程中，我们把避税和逃税（后者具有非法性）区分开来，并强调它们的共同性。我们这样做是为了回避明显的建模不确定性带来的难度

和模糊。我们认为，想要在逃税问题上提出一些观点可以在一个确定性等价模型（certainty-equivalent model）中进行，在这个模型中，逃税活动的总成本的一部分是逃税风险的增加。

为了说明这种相互关系，请回忆一下在第3.3.5节Grubert和Slemrod（1998）研究的例子，他们为将企业收入转移到波多黎各中的相互关系提供了经验证据。美国公司在波多黎各所赚取的企业收入基本上免除了美国公司所得税，这为美国公司使用转让定价和其他收入转移方式，尽可能多地将其应税公司收入转移到波多黎各提供了强有力的激励。Grubert和Slemrod（1998）的关键性经验研究发现，在波多黎各进行的实际活动中，收入转移的有效边际成本正在下降：更实际的经济活动使公司更容易合法地转移收入。[25]重要的是，避税技术在各公司之间存在差异，正如预期的，Grubert和Slemrod（1998）发现，在波多黎各的公司中有出于税收激励进行生产的许多证据，公平交易的转让价格很难确定，比如有无形品牌价值的制造商，或者研发支出高的制药公司。这为在波多黎各的实际投资提供了一种隐性的补贴，Slemrod（2001）称之为“避税便利”（avoidance facilitation），在这里我们将一概念推广到逃税。在接下来的讨论中，为了简单起见，我们将使用“避税”（avoidance）或“隐匿”（sheltering）这样的术语，另一方面我们考虑实际活动与避税和逃税之间的关系。

实际经济活动的避税便利可能会传导到个人所得税上，在这种情况下，更多的实际收入会降低给定避税活动的成本。税务机关知道这种联系，就会决定对申报收入进行审查。这对所得税的行为反应具有重要的意义：例如，如果作为对较低的边际税率的反应而加强对个人收入的税收执法降低了边际避税成本，这将放大任何观察到的行为反应。为了说明这一点，我们以Mayshar（1991）具有开创性的所得税避税模型的一个相近变换，作为我们更具一般性的研究框架中的一个特例，然后就如Slemrod（2001）的模型，我们把模型具体化以将劳动收入的避税便利作用（avoidance-facilitation role）纳入模型。

标准的所得税避税模型假设有单一的消费品，劳动收入需要纳税，但是纳税人可以通过引入成本来隐匿（shelter）s美元的收入以部分减少税收。[26]根据我们的一般框架，标准模型有以下函数形式：

$$H = \{h^1, h^2, h^3\}$$
$$x = (C, l, s)$$

其中 H 是一组转换函数集，x 表示纳税人的选择变量向量，C 代表消费品，l 代表劳动供给，s 代表从所得税中隐匿的收入数量，

$$c_1 = h^1(x) = C - \kappa(wl, s)$$
$$c_2 = h^2(x) = l$$
$$c_3 = h^3(x) = 0$$
$$u_1 > 0, u_2 < 0$$

这里 $\kappa(wl, s)$ 是纳税人以美元为单位的所得税隐匿成本函数，取决于收入水平 wl 和隐匿活动 s；其特征至关重要。投入成本矢量为 $q = (1, -w(1-t), -t)$，分别包含正规化的消费价格、负的税后净工资率和从单位所得税规避节省的税收。

将这些函数形式代入方程式(3.10)得到纳税人的效用最大化问题：

$$v = (t, A) = \max_{\{C, l, s\}} u(C - \kappa(wl, s), l, 0)$$
$$\text{s.t.} \quad C \leqslant A + wl(1-t) + ts \tag{3.15}$$

和通常情况一样，消费的边际效用是正的 $u_1 > 0$，而劳动供给的边际效用是负的，$u_2 < 0$。纳税人劳动力供给的一阶条件是

$$-\frac{u_2}{u_1} = w[(1-t) - \kappa_1(wl, s)] \tag{3.16}$$

等式(3.16)显示，在内部最优的情况下，个人劳动供给与消费之间的边际替代率等于，税后净工资率加上避税（或逃税）的便利效应（facilitation effect）。在没有隐匿活动的情况下，$\kappa = 0$，并且最优条件是标准的。隐匿的一阶条件是

$$t = \kappa_2(wl, s) \tag{3.17}$$

这表明隐匿活动越强，边际税率 t 越高，而避税的边际成本 κ_2 越小。标准模型假设避税的边际成本为正且呈凸性，所以 $\kappa_2 > 0$，$\kappa_{22} > 0$。

为了综合实际活动和避税成本之间的相互作用，Slemrod(2001)进一步假设避税成本函数 κ。最重要的是，假定 κ_{12} 为负，因此避税活动的边际成本

随实际收入增加而减少。这一观点认为，当一个给定的避税绝对数量在总收入中占比较小时，就不太可能被发现。[27]在这种情况下，避税便利是对工作的隐性补贴。这体现了前面讨论的关于波多黎各投资例子的精髓：更多的实际投资便利了应税收入向波多黎各的转移。

式(3.16)和式(3.17)的隐函数微分得到了一种修正的斯勒茨基础(Slutsky)表达式，以反映劳动力供给对税率 t 边际变化的反应：

$$\frac{\partial l}{\partial t}=w\left(\frac{1+(\kappa_{12}/\kappa_{22})}{S+X}\right)-(wl-s)\frac{\partial l}{\partial A} \tag{3.18}$$

在公式(3.18)中，$X\equiv -w^2((\kappa_{11}\kappa_{12}-\kappa_{12}\kappa_{21})/\kappa_{22})$ 反映随着 l 的增加预算线斜率的变化，其中 $S<0$ 为替代效应(消费与闲暇无差异曲线斜率的变化率)，$\partial l/\partial A$ 为外生收入对劳动力供给的影响。最大化的二阶条件确保 $S+X$ 为负，而 $X<0$ 对应于 κ 是凸函数的假设。结合 $\kappa_{12}<0$ 的假设，方程式(3.18)意味着，在劳动收入具有便利避税的作用时，当 t 增加时发生的劳动供给的补偿下降会有所缓和。

如果 κ_1 为零[即隐匿处于超边际(infra-marginal)]，那么在不降低实际活动的有效边际税率情况下，会存在大量的隐匿。这一问题在最近美国关于遗产税的政策辩论中出现，在此期间，反对者认为遗产税基本上逃避了，并阻止了财富积累。遗产税的支持者会问如何规避两者？现在我们看到，原则上可以在不大幅降低财富积累的有效税率的情况下进行规避。这是一个经验问题，因为它取决于函数 κ 的性质。

避税便利化(avoidance affilitaion)的概念使我们能够重新解释 Rosen (1976)的精彩研究，在对女性劳动供给的回归分析中，将税前工资率 w 和税后净收入 $(1-t)$ 分开作为解释变量，估计系数的任何差异(罗森最终并没有发现)可解释为“税收幻觉”的证据——在更现代的语言中缺乏显著性。但是现在我们可以说，在避税和逃避的情况下，不需要用税收幻觉解释 w 和 $(1-t)$ 项的差别效应，因为实际决策的有效相对价格取决于避税或逃税技术——税收可以被做手脚，但是税前工资率是不可以的。一般来说，不应指望人们对税前价格和税后价格作出类似的反应。

注 释

① 在一些情况下,这种区别并不十分清晰。

② 需要指出的是,税收对最优投资组合的影响,与标准逃税模型相似,在标准模型中税收的增加会引起风险资产需求的增加(Domar and Musgrave, 1944)。一个差异是,在投资组合模型中忽略税收规划对政府收入变化的影响被认为是不合适的(见 Gordon, 1985; Gordon and Wilson, 1989)。而这一问题在逃税模型中可以放在一边,因为在这里风险是独立的且由此也不存在社会风险。

区分环境的变化对逃税少报的应税收入 e 和偷逃的应纳税收 te 的影响是重要的。对于 p 和 π 的变化,不会有有趣的区别。然而,当税率 t 提高时,有可能会产生 e 下降而 te 增加。

③ 这个假设在某种程度上有些尴尬,因为逃税通常并不被税务机构观察到。

④ 在同时具有正规和非正规部门的模型中,Sandmo(1981)研究表明审计概率的变化对纳税人逃税的均值和方差都具有复杂的影响,排除任何明确的比较静态结果。

⑤ Martinez-Vaquez(1996)对逃税和非正规经济一般均衡模型有一个很好的讨论。

⑥ Erard 和 Ho(2003)发现收入很少有第三方信息报告的职业具有很高的税收非遵从率,纳税准备和填报的时间成本也非常高。需要注意的是,申报的时间负担可以部分的测度税法的不明确性,税法的不明确会被一些纳税人策略性的利用。

⑦ *The Economist* (2012)。

⑧ Chen 和 Chu(2005)。Kraakman(1986)在法与经济学领域有关于这些问题的开创性研究。

⑨ 也可参见 Sheffrin (2013)。

⑩ 这一观点由 Daunton(1998)提出。

⑪ 采用面板数据的分析也支持这些定性结论。

⑫ 概括而言,这个方法涉及拟合用以估计检查到的逃税率的一个方程,逃税率函数的解释变量主要有审计人员资历、被审计的申报表的复杂性以及审计人员(检查大规模申报样本的审计人员)固定效应。

⑬ IRS 企业所得税征收缺口估计是根据业务审计提出的纳税不足额建议,但未对上诉后重新评的估纳税义务变化进行调整。这一处理方式的偏误,可以被 IRS 未能查出所有低报的现实情况所部分抵消。进一步的详细讨论,见 Hanlon 等(2007)。

⑭ 这与上面讨论到的 Hanlon 等人(2007)的发现一致。

⑮ Saez(2010)描述了如何用在折弯处的聚集行为(bunching behavior)来估计行为

弹性。

⑯ Kirchler(2007)基于文献综述得出,大多数研究发现的纳税态度与纳税申报行为之间的关系在统计上显著,但比较弱;他提出,这意味着纳税态度与实际纳税行为之间的相关性比预期的还要弱。

⑰ 这一术语与 Yitzhaki(1987)逃税的超额负担(excess burden of tax evasion)定义是平行的。

⑱ 在此分析中,我们忽略掉消费品生产企业的产品。众所周知,在一些条件下,扭曲有效生产的税收中消费税处于绝对的支配地位。见 Diamond 和 Mirrlees (1971)。

⑲ 我们不限定$\partial u/\partial c_i$ 的符号,但需要注意要求 $\partial u/\partial c_i \geq 0$, $\forall i$ 并没有失去一般性,因为每个转换函数 h^i 都可以自由定义。

⑳ 我们假设不能对所有的投入品 x 征税,并排除对所有投入征收统一的等值一次总付税。类似地,在讨论纳税人效用函数 c 中,我们假设其中至少一种消费品 c_i 不可能征税。

㉑ 在美国,对于非限定股票期权,在行权时,以普通的所得税税率对行权价格和发行价格的价差征税,同时可在雇主的应税所得中扣除。

㉒ 个人退休账户(IRA)的例子清晰地表明,在某种情况下避税行为是税收政策有意识选择的结果,IRS这个例子是为增加储蓄的目的。另外一个很好的例子与资本收益有关,基于收付实现制而不是权责发生制征税使纳税义务延期,纳税义务经常被延至低税率时期,在死亡时由于课税标准的抬高资本收益税会被完全免除。

㉓ 在实践中,采用 Stiglitz(1985)所述的方法减少应税收入可能涉及非法的逃税与合法的避税行为的结合。在缺乏完善的信贷市场的情况下,禁止用 IRA 资产作为贷款抵押很可能成为一个有约束力的约束条件,个人利息费用一般不能税前扣税,并且税收鼓励的 IRA 也受到限制。

㉔《1986 税制改革法案》(*Tax Reform Act of 1986*)通过缩减边际税率和收紧对税收套利行为的规范,减小了避税带来的征税缺口。

㉕ 因为收入产生地点很难清晰地定义,这个例子实际上是一个特定数量收入转移的合法性有问题的例子。

㉖ 在这部分我们使用隐匿(shelter)来概括避税和逃税,两者都有包括预期惩罚在内的成本。

㉗ 当 k_1 为负时,避税成本随劳动收入增加而减少,但是只要真实收入的避税便利作用的收益递减,那么 $k_{11} \geq 0$。后续的结果不依赖于 k_1 的符号。

4 成本的多个来源

标准的税收分析侧重点在于，税收引起的相对价格变化而导致的行为扭曲所产生的效率成本。第3章重点讨论了行为反应的种类——逃税和避税，这两种行为在实证和规范模型中通常被忽视。但由于扭曲私人决策产生的社会成本并不是税制唯一的成本来源。行政管理成本是税务当局在创建和运行税收制度过程中产生的直接成本。遵从成本是纳税人在遵守税务机关制定的规则和程序，以及筹划减少纳税义务所付出的成本。为了减少这些成本，税收制度应将实际行为反应、逃税和避税置于重要位置。当政府的关注点在行政管理的显性成本上时便会削减行政支出，即使其他隐成本的增长远远超过了节约的行政成本。

4.1 行政成本

即使所有的纳税人都十分诚实，税收制度也需要由机构化的管理体系来计算纳税义务、记录和检查税收缴纳。[①]但是，正如前文所述，不是所有的纳税人都是诚实的，纳税人也未被强迫以最适合税务机关的方式来安排自身的活动。因此，纳税人会费尽周折地减少他们的税收账单。针对避税和逃税，税务机关都认为值得花费资源来减少收入和效率损失，以及非期望横向或纵向公平结果。此外，如果以随意的方式征税——既不核算也不核实，那么征税成本相对会比较低，因此征税方式必须与公平或合法性的价值相平衡。[②]

研究税收结构历史演变的学者，尤其是Hinrichs(1966)和Musgrave(1969)强调税收管理问题和识别"税柄"(tax handles)的重要性，以相对较低的管理成本征得收入的税基。他们注意到现代税收结构的发展通常具有从消费税、关税、财产税，向企业所得税、累进的个人所得税转变的特征，而扩大了市场部门、农村部门的缩减、集中大量就业的企业、人口素质的提高等使转变成为可能。Hinrichs(1966)提出"从促进经济发展的角度来看，最容易征收的税收往往是从错误的来源征收的。"

近年来，大量关于税收行政成本和税收程序的证据都是分散的，不同国家之间没有显著的可比性。但是，自2004年以来，OECD组织对其成员国的数据进行了搜集和整理，并从2006年起将部分非经合组织成员国纳入其中。表4.1包含了2011年不同国家的收入组织机构的管理成本与所征得净收入之比的数据。首先，值得注意的是，至少以Ballard等人(1985)的衡量标准来看，实际行政成本是远远低于标准效率成本的。同时也注意到了一些说明事项限制了不同国家不同时期的可比性。比方说，行政管理成本往往包含大量的固定成本，所以税收规模量级不同会导致低税收规模的国家呈现出高成本运行。同样，税收收入随经济周期的波动通常大于管理成本的波动，这使得可比性依赖于衡量时经济周期的状态。税制改革、征税机关征税范围的变化都会使临时开支的增加，可能会扭曲可比性。表4.1中的数据为税收管理成本提供了通过跨时间跨国的定量基础。

只关注总的管理成本也会掩盖住税收管理的多重性质，税收制度在许多重要的非税率维度上具有差异，这会影响收入的征收。不同税制间程序上主要的差异包括：自我评估的程度、源泉扣缴的使用情况，以及公平交易税收信息报告的程度。同样，执行的主要差异包括了审计覆盖的广度、税务机关获取银行记录的能力、所征收费的规模，以及可以根据审计结果强制执行的权力。

这些行政层面定性特征使得跨国比较变得更加复杂。然而，近年来通过运用OECD国家税收机关的数据，Robinson和Slemrod(2012)提出十个重要的税制方面(非税率)的数字编码。有趣的是，相比低税收国家而言，税收规

表 4.1 OECD国家税收管理成本占征得净税收的比例

国家＼年份	2001	2002	2003	2004	2005	2006	2007	2008	2009
澳大利亚	1.06	1.07	1.05	1.05	1.03	0.99	0.93	0.96	1.02
奥地利	0.71	0.72	0.91	0.78	0.66	0.65	0.64	0.79	0.85
比利时				1.89	1.42	1.35	1.40	1.27	1.40
加拿大	1.08	1.20	1.33	1.17	1.31	1.35	1.40	1.27	1.40
智利			0.89	0.88	0.69	0.63	0.60	0.66	0.90
捷克		2.08			1.29	1.38	1.25	1.18	1.46
丹麦		0.73	0.87	0.83	0.74	0.63	0.62	0.64	0.67
爱沙尼亚					1.03	0.88	0.86	0.38	0.40
芬兰	0.77	0.82	0.82	0.80	0.79	0.78	0.77	0.80	0.87
法国	1.41	1.44	1.41	1.35	1.07	1.23	1.20	1.17	1.31
德国					0.86	0.83	0.78	0.75	0.79
希腊			1.65	1.69					
匈牙利	1.23	1.35		1.14	0.99	1.11	1.15	1.17	1.20
冰岛		1.12	1.06	1.02				0.28	0.32
爱尔兰	0.09	0.95	0.91	0.86	0.82	0.78	0.79	0.95	1.08
以色列								0.75	0.79
意大利					1.36	1.24	1.16	1.08	1.20
日本	1.42	1.54	1.66	1.67	1.58	1.45	1.43	1.49	1.71
韩国	0.85	0.85	0.82	0.86	0.81	0.79	0.71	0.79	0.84
卢森堡				1.59	1.42	1.25	1.18	1.01	1.13
墨西哥		1.44	1.41	1.29	1.18	1.06	0.95	0.43	0.58
荷兰	1.74	1.76	1.39	1.30	1.35	1.15	1.11	0.99	1.11
新西兰	0.90	0.87	0.83	0.81	0.76	0.71	0.75	0.76	0.88
挪威	0.56	0.59	0.59	0.56	0.72	0.71	0.67	0.54	0.50
波兰	1.50	1.78	1.95	2.62	1.93	1.75	1.42	1.59	1.72
葡萄牙	1.61	1.68	1.51	1.49	1.59	1.43	1.41	1.17	1.44
斯洛伐克	1.43	1.46	1.45	1.36	2.43	2.49	2.41		
斯洛文尼亚	1.14	1.13	1.17	1.05	0.93	0.98	0.83	0.81	0.90
西班牙	0.81	0.78	0.83	0.82	0.74	0.68	0.65	0.82	0.97
瑞典	0.55	0.56	0.57	0.59	0.38	0.39	0.41	0.39	0.40
瑞士			0.66	0.62	0.30	0.29	0.28	0.31	0.31
土耳其	0.81	0.72	0.74	0.83	0.87	0.84	0.83	0.85	0.93
英国	1.06	1.11	1.04	0.97	1.10	1.12	1.10	1.12	1.14
美国	0.46	0.52	0.57	0.56	0.52	0.47	0.45	0.49	0.61

资料来源：亚太经合组织(2011，pp.126—127)。一般性说明已体现在文本中，关于各国的特殊说明可通过源文件查看。

模大的国家在税收管理方面更缺乏自我评估并且消耗更多的资源——以税务管理人员占劳动人口的比例来衡量。Robinson 和 Slemrod(2012)认为,假定税制复杂性随着税收负担的增加而增加,在高税收国家,将遵守税法所需获取专业知识的成本转移给纳税人,可能不是有效率的方式,这解释了为何高税收国家自行申报的水平更低。在跨国层面花费在管理上的资源与税率之间具有正向的关系,这与后文探讨的最优税收方案是一致的,最优方案使所有收入获取方式的边际筹资成本相等。

对任一既定的目标而言,税务管理的运作既有高效的方式也有低效的方式。比如,何为计算机和信息技术的最佳使用状态?税务管理应当通过税收征收组织起来(如企业所得税与增值税),还是通过纳税人(如企业和高收入人群)来组织呢?如何组织才能减少腐败?这些问题已引起了广泛讨论,但尚未正式讨论,特别是在发展中国家,比如 Bird(1983),当然这些问题对特定背景有关。③

正如前文所强调的,信息是税收制度的核心,特别是在以稳定税负为目标时。在现代税收理论中,这一核心的作用是明确的,虽然通常没有专门强调这一点。在 Mirrlees(1971)具有开创意义的最优所得税模型中,假设收入可以准确、无成本地进行测定,但收入能力却完全无法衡量。这些极端的假设带来了许多深刻的思考,但这些模型是不太实际的,因为在现实世界中要准确地确定收入是极为困难的,而一些收入能力的指标却能获得。

在实践中,信息收集是所有税务行政机构的中心任务,信息收集的成本取决于如何获取信息,从谁手里获取信息,以及信息是否会被轻松隐藏。这就产生了几个有趣的问题。正如我们将在第 6 章中要进一步讨论的,相较于对消费等单个活动征税,对市场交易征税有几个好处。第一,在任何的市场交易中都有两个利益冲突的当事人——对一方而言代表着收入,对另一方则代表着成本。因此,任何交易都有可能被不满的一方报告给税务机关。第二,交易记录的信息越详细,税务机关搜集信息的成本就越低。大公司基于自身的利益需要对交易信息进行记录,而小公司可能不需要如此详细的记录,因此对涉及大公司的市场交易比对涉及小公司的更容易征税。第三,市场交易建立了公平交换价格,使评估交易更加容易。

行政成本也会影响企业之间的最优边界。Coase(1937)认为(在没有外部性的情况下）均衡的企业边界是最优的，因为企业在扩张规模时会考虑所有的相关成本和收益。但是，Dharmapala 等人（2011）表示税收行政成本类似于外部性，因为在税制的有效性既定的情况下，企业规模和产业组织通常会影响税收管理成本，这部分是因为它们影响了易于观察的公平交易的可得性。这也表明，当每个公司的征税行政成本固定时，那么一个被征税的公司会面对固定的费用——庇古税（Pigouvian tax）——等于对其征税的成本。在他们的模型中，一组应税公司作为内生变量，当征税的行政成本相对于征得的税收十分高时，将那些特定规模以下的企业排除在征收范围之外可能是最优的选择。这样会导致公司规模的“断层”，因为一些公司为了在征税门槛之下会缩小其规模。这种现象在发展中国家是普遍存在的。在本书的第 6 章里我们还会进一步讨论这个话题。

获取信息的行政成本是税基流动性、实体性/可见性，以及课税对象形体大小的函数（比如，对钻石征税要比对窗户征税困难），税基是否有登记者（如车主、驾照持有人）；纳税单位的数量，与其他机构的信息共享程度（包括管辖范围内的非税务机关和非管辖范围内的税务机关），都会影响税收行政成本。在其他条件不变的情况下，税务行政成本是关于税法条款复杂性和模糊性的增函数。

行政成本具有的两个附加属性使税收制度问题的建模变得复杂化：税率往往是不连续的，并且降低了征税平均成本。先看第一个属性，用 t_1 和 t_2 来表示两个商品的税率。假如 $t_1 = t_2$，则只需要报告和监控这两种商品的总销售额。但如果这两种商品的税率稍有不同，则必须单独报告这两种商品的销售情况，这使得对信息流的需求增长了接近一倍。这无疑解释了为何尽管最优商品税理论要求针对每种不同的商品制定不同的税率，但在实际的税收制度中只制定了少数的税率。其次，平均成本是在降低的，因为检测税基的成本不取决于税率的高低（除非人们更倾向于用更高的税率来作假）。因此，更高的税率降低了每单位征得收入的行政成本（Sandford，1973）。行政成本同时也是税种和税率组合的函数，因为一个税种信息的收集可能会促进另一个税种的征收（如对增值税收入的检查可以促进所得税的征收）。要注意的是，在负边际税率和平均税率的情况下，比如所得税抵免情况下，产生的管理问题具有不同的性质，因为逃税者的动机是夸大而不是低估收入。

4.2 遵从成本

相较于行政成本，税收遵从成本是纳税人和第三方（比如雇主需要向雇员代扣代缴所得税，并向税务机关提供信息）在税款的缴纳和征收过程中直接产生的。之所以称之为“直接”产生，有以下两个原因：(1)遵从成本的负担可能会从耗费资源的遵从方转移，就像显性税收（explicit tax）由于相对价格的变动可能会转移一样；(2)行政成本最终也是由纳税人来承担，但首先是以政府支出的形式出现，即使纳税人最终会承担这些费用，但对纳税人来说不是直接的货币或时间成本。

相对于行政成本而言，衡量遵从成本的范围和性质并不像从政府预算中剔除相关数据那样简单。调查是衡量遵从成本最常用的方法，尽管低反馈率会影响观察结果的可靠性。虽然根据可观察到的人口统计数据对调查结果进行赋权调整是有用的，但调查中的回答者和未回答者之间没有被观察到的异质性很可能有重要的意义。非随机报告偏差通常是不明确的，所以调查结果可能无法准确框定遵从成本。有的纳税人不会逐条记录他们的扣除额，相反他们想要更加简化的扣除标准，Pitt 和 Slemrod(1989)通过推断这些纳税人所放弃的税收扣除额的价值来估计纳税人遵从成本的大小。由于一些纳税特征，比如州所得税税率会影响逐条列举的税收节约而不是分项扣除的成本，因此可以分别使用估计方程来计算税收节约和分项扣除额的遵从成本。只有当纳税人的遵从成本小于逐条列支扣除额而获得的税收节约时，他们才会这样做。利用 1982 年财政部税务档案微观数据的分层随机抽样样本，他们估计得出每个纳税人分项扣除的遵从成本是 43 美元，相当于现在的 104 美元。

尽管受访者可能认为遵从成本是“恼人的花费”(Tait, 1988)并夸大自身的成本试图来影响政策，那些认为回答调查很繁冗的人可能也会认为税收制度的遵从成本尤为高昂(Sandford, 1995)。

另一个棘手的问题是，大部分的遵从成本是纳税人的时间成本。就算对纳税人遵守税收制度所花费的时间可以无偏误地衡量，但是将时间成本转化为货币并不容易。举个例子，时间价值应当按税前工资率来计算还是按税后工资率来计算呢？如果税收相关事务比纳税人的日常工作更为麻烦，是否应该将"心理"成本包括在内呢？还是应该使用自行申报的方式来衡量时间成本呢？无论如何选择，只要需要有价值的信息记录和报告，比如，抵押贷款机构和大学财政援助机构会受益于税收遵从相关研究活动，简单地衡量税收遵从的时间成本就会夸大税制所施加的边际成本。这些问题使得对各国的估计进行有意义的比较尤为困难，尽管 Sandford(1995)对一些国家的各种税收遵从成本进行了估计。

除了计算方法上的困难，在所有国家的所有研究中都存在着这样一个事实：遵从成本远大于行政成本。例如，Slemrod(1996)估测，就美国的所得税而言，征收 1 美元的所得税的个人遵从成本约为 10 美分，而美国国内收入局征收的所有税收的行政成本大约是每美元 0.6 美分。从更新的数据和假设来看，Slemrod(2004b)估测在 2004 年美国所得税的遵从成本已上升到了单位美元 11.1 美分。表 4.2 报告了对估测的个人遵从成本的分解结果，凸显了纳税人遵守美国所得税制所花费的时间价值远远超过了金钱成本。根据对 1982 年纳税年度明尼苏达州纳税人的调查，Slemrod 和 Sorum(1984)估计，纳税人遵守所得税制度所花费的时间主要在于信息的记录保存，随之而来的是报税、研究、与税务顾问的交流。研究发现在不同收入水平上，人们时间花费的相对大小是大致相似的，虽然说税收遵从的总时间成本在收入上呈现出 U 形。

表 4.2　2004 纳税年度美国所得税制度的遵从成本：个人

小时数(单位：十亿)	3.5
小时数的平均价值(美元/小时)	20.0
小时数的总价值(单位：十亿美元)	70.0
金钱支出(单位：十亿美元)	15.0
总遵从成本(单位：十亿美元)	85.0
总遵从成本占收入的比例	11.1

资料来源：Slemrod(2004b)。

对企业而言，Slemrod(2004b)估计 2004 纳税年度的总征税成本为 400

亿美元，占企业所得税收入的23.7%。有猜想认为，与个人相比，企业的大部分纳税成本用在了税收筹划而不是纳税申报合规上。Slemrod和Blumenthal(1996)发现，在美国最大的1 500家企业中，约三分之二的遵从成本花在企业的内部人员，大约六分之一用在了外部协助，而剩下的六分之一用于企业的非人事成本，比如电脑。中型企业较之大型企业有更高比例的遵从成本，而小型企业遵从成本的比例最高。这使得企业所得税的遵从成本在销售成本比率、资产成本比率上呈现出显著的累退性，随着企业规模的增大而降低。

有些遵从成本是遵守法律不可避免的成本，有些则是为了减少纳税义务而自愿承担的。这两种情况都意味着社会资源的花费，因为本可以用于生产活动的资源被转移到了遵从活动上。纳税人为了减少纳税义务自愿将时间花在税收遵从并不会减少社会成本；效率成本上升是由于税制激励纳税人进行避税活动，如果不是为了税收他们就不会做这些事情。

在某种程度上而言，当政府和纳税人在搜集关键信息上都不占优势时，行政成本和遵从成本是可以相互替代的。举个例子，想一想什么时候授权雇主代雇员缴税、传递雇员信息是最优的，这样政府就可以同时对纳税人及其代理人进行审计。而什么时候直接和雇员打交道才是最优的选择；什么时候只跟雇员打交道是最优的，也需考虑。显然，考虑到雇主已经有了必要的信息，直接让他把雇员信息交给税务行政机构可以节约行政成本。如果行政机关搜集信息的成本高于实行二级信息收集系统的成本，这也可以降低社会总成本。需要注意的是，代扣代缴制度需要两个信息收集系统，可能会产生扣缴义务人对其扣缴税收的逃税激励，或者与被扣缴人进行合作以减少本应代扣代缴的金额(Yaniv，1988；1992)。

然而，将纳税人纳入征管程序的潜在效率还必须要经过切实的考虑。征管行政成本必须通过预算过程，但遵从成本是隐藏的。因此，可能有这样的观点倾向，将减少行政成本的政策(以相同的或更多的遵从成本的增加为代价)看作社会成本降低，因它导致了政府支出的下降。此外，还认为行政成本高于遵从成本，因为行政费用的资金是来源于扭曲性的税收收入，它的边际成本大于1。在第7章我们将回过头来讨论这个问题。

注 释

① 基本上大多数的税收管理都可以私有化。的确，征税的私有化（又称为“包税制”）有着悠久的历史，最早可以追溯到美索不达米亚的汉谟拉比时期。在中世纪时期，税款包收人会提供预先支付的款项，因此包税制（tax farming）也可以作为君王借款的形式，以减少收入的不确定性。有人怀疑包税制下税款征收的公平性。在一定程度上，专业的税收申报员和专用软件可以执行税务管理的职能，否则这些工作将由税务机关自己去做，所有的现代税收制度都体现了一定程度的私有化。

② 我们在第7章和第10章中会讨论这些问题。

③ Shoup等人（1937，pp.337—351）对行政成本的特征进行了很好地描述。

5 税基弹性

5.1 应税收入的弹性

应税收入的弹性(ETI)在测量应纳税所得额的边际超额负担时具有重要作用,因为它可概括为减少纳税义务而采取的所有行为反应的福利成本(Feldstein, 1999; Usher, 1986)。① 弹性越大,征收每美元税收的边际超额负担就越大。在大多数标准模型中,工作时间是衡量边际税率变化所产生行为反应的唯一尺度,但 ETI 则概括了在第 3 章讨论的影响应纳税所得额的所有边际调整所引起的一系列行为反应。除影响工作时间外,高边际税率可能影响纳税人对劳动强度、所得税可扣除支出的数量(例如慈善捐赠)、职业选择、补偿的类型和时间、避税、逃税等的选择(Saez et al., 2012)。

这些行为反应很重要,因为只要隐匿 1 美元税收的私人成本和社会成本相等,那么 ETI 是一个福利分析的充分统计量。在边际上,纳税人将花费相当于 1 美元的边际成本或牺牲 1 美元的边际效用来节省 1 美元的边际税收。纳税人会用一切可用的手段来减少 1 美元税收直到边际成本上升到 1 美元。原则上来说,行为反应的分析并不重要,因为对于纳税人来说,所有的行为反应的最优选择是,节省 1 美元税收的边际成本都相等。我们在第 5.2 节讨论一般原则之外的情况。

为了更充分地论证该论点,我们使用第 3 章的避税模型,且参考 Chetty

(2009)的做法对模型进行简化,假定效用函数具有准线性的形式,则纳税人效用最大化问题变为:

$$\max_{\{C,\ l,\ s\}} C-\psi(l) \quad \text{s.t.} \quad C=A+(1-t)\omega l+ts-\kappa(\omega l,s) \tag{5.1}$$

这里 C 代表消费,l 是劳动供给量,$\psi(l)$ 是凸函数用于描述劳动供给的负效应,A 代表补贴或外生收入,ω 是工资率,t 是应纳所得税额的税率,s 代表避税,纳税人的实际资源成本等于 $\kappa(\omega l,\ s)$,其中 $\kappa_2>0$,$\kappa_{22}>0$,$\kappa_1<0$,且 κ_{12} 正负都可能。②我们假设政府筹集的税收按人头的方式返还给纳税人,使得具有准线性效用的福利函数具有以下的简单形式:

$$\begin{aligned} W(t)=[C-\psi(l)]+R(t)=[A+(1-t)(\omega l-s)+\\ s-\kappa(\omega l,\ s)-\psi(l)]+t(\omega l-s) \end{aligned} \tag{5.2}$$

我们还假设 l 和 s 是纳税人根据效用最大化所选择的,所以税率 t 的微小变化所引起的行为反应不会影响效用最大化(方括号内的项);包络定理(envelope theorem)表明纳税人的效用仅受税率变化的机械收入后果的影响。因此税率 t 边际增长的福利影响为

$$\begin{aligned} \frac{\partial W(t)}{\partial t} &= [-(\omega l-s)]+(\omega l-s)+t\frac{\partial[\omega l-s]}{\partial t} \\ &= t\frac{\partial[\omega l-s]}{\partial t}=t\frac{\partial z}{\partial t} \end{aligned} \tag{5.3}$$

这里的 $z\equiv\omega l-s$ 是应纳税所得额。公式(5.3)表明,只要纳税人的隐匿活动涉及实际资源成本,那么我们仅需知道应纳税所得额对边际税率的变化如何反应,反应越大,福利成本就越高。是否应将应纳税所得额的变化归因于劳动供给量的减少或是隐匿努力的增加都不重要。虽然该模型只有两种调整的可能(劳动供给和隐匿),但只要对税收行为反应的私人和社会边际成本相等,则该命题可以推广到所有边际调整的情况。当效用不为准线性时,应纳税所得额的非补偿弹性和补偿弹性不再相等,因此对于福利分析而言,公式(5.3)中应纳税所得额的非补偿反应应由补偿反应所替代。

ETI 越大,增加一美元税收的福利成本就越高,出于简便我们可以用资金的边际效率成本来表示。回顾第 2 章的公式(2.7),我们写出对于税收工

具θ_i，公共资金的边际效率成本（MECF）的一般公式：

$$MECF(\theta_i) = \frac{1}{1-(B_{\theta_i}/T_{\theta_i})} \tag{5.4}$$

对于纳税人来说，边际税率 t 的增加会引起边际机械负担（marginal mechanical burden）$T_t = \omega l - s = z$，而纳税人对较高边际税率的行为反应所带来的收入后果是 $B_t = -t\{\partial[\omega l - s]/\partial t\} = -t(\partial z/\partial t)$。将这些表达式代入公式（5.4），得

$$MECF(t) = \frac{1}{1+\frac{t}{z}\frac{\partial z}{\partial t}} = \frac{1}{1-\left(\frac{t}{1-t}\right)\left(\frac{1-t}{z}\frac{\partial z}{\partial(1-t)}\right)} = \frac{1}{1-\left(\frac{t}{1-t}\right)\varepsilon} \tag{5.5}$$

这里 ε 是应纳税所得额关于净税率的弹性，它通常为正数。

现在我们使 $y \equiv \omega l$，y 为劳动收入，劳动收入的变化取决于纳税人根据劳动供给量和时间补偿率所做出的选择。

假定纳税人工资率不存在外生差异，但纳税人赚取收入所产生的负效用存在差异，用参数 n 来表示。因此 n 类型纳税人在预算约束下会选择（c_n，z_n）。我们可以通过从一个给定劳动供给量获得的市场收入来衡量纳税人的能力，或通过给定数量收入产生的负效应来衡量纳税人的能力，这两种方法并没有什么差异。当纳税人对税收有多个边际行为反应时，后一种表达更简便。

重要的是，公式（5.5）的有效性不依赖于代表性纳税人或线性税收制度。为了证明这一点，我们按照 Saez 等人（2012）的做法，考虑将所得税最高边际税率有一个边际增加，并适用于应纳税所得额高于 $\bar{z}$ 的纳税人。假设不考虑收入效应，纳税人的选择仅依赖于边际税率，也不取决于 A。假设对最高边际税率的提高没有行为反应，我们写出税收的边际机械增量为：

$$\frac{\partial T}{\partial t} \equiv T_t = \sum_{i=1}^{N}(z_i - \bar{z}) = N(z_m - \bar{z}) \tag{5.6}$$

这里 N 为适用最高税阶的纳税人数量，$z_m = \sum_{i=1}^{N} z_i/N$ 是他们的平均应纳税所得额。但行为反应 B_t 减少征得税收的数量：

$$\frac{\partial B}{\partial t} \equiv B_t = -\sum_{i=1}^{N} t \frac{\partial z_i}{\partial(1-t)} \frac{\mathrm{d}(1-t)}{\mathrm{d}t} = N z_m \frac{t}{1-t} \sum_{i=1}^{N} \frac{z_i}{N z_m} \frac{(1-t)}{z_i} \frac{\partial z_i}{\partial(1-t)}$$

$$= N z_m \frac{t}{1-t} \varepsilon \tag{5.7}$$

这里 ε 是对于净税率的(用个人应纳税所得额加权)平均 ETI。再次回顾 MECF 的表述式,我们将最高边际税率增长的福利成本写为:

$$MECF(t) = \frac{1}{1-\dfrac{B_t}{T_t}} = \frac{1}{1-\varepsilon\left(\dfrac{t}{1-t}\right)\left(\dfrac{z_m}{z_m-\bar{z}}\right)} = \frac{1}{1-\varepsilon a\left(\dfrac{t}{1-t}\right)} \tag{5.8}$$

这里 $a = z_m/(z_m - \bar{z})$。Saez(2001)发现,实际收入分配的上尾部分(upper tails)近似于帕累托分布,在这种情况下,a 几乎不变。考虑帕累托参数 a 的估计,应纳税所得额对于净税率的平均弹性,是所有不同纳税人的 MECF 的一个充分统计量。当 a 的值上升时,因为税率的增加只适用于高于 $\bar{z}$ 的收入,边际机械收入下降。但替代效应的大小保持不变的,所以 MECF 随 a 增加。对于线性所得税,边际税率的变化适用于所有收入,在这种情况下 $a = 1$,式(5.5)和式(5.8)相同,这不含在异质性纳税人中采用应纳税所得额的收入加权平均弹性的情况。

相对于对短期劳动供给弹性的低估(经济学家对长期的弹性知之甚少),有大量的证据表明,纳税人对其他方面的弹性反应更强。尽管 ETI 这个概念很简单,(原则上不需要单独估计各个边际行为反应),这却对它的应用带来限制,并在实践中违反了一些必要的假设。接下来,我们讨论 ETI 的应用及其经验估计的主要问题。

5.2 应用应税收入弹性的问题

将估计的 ETI 应用到福利分析存在两大问题:(1)财政外部性和收入转移;(2)税基定义的变化。如果边际所得税率的变化导致纳税人将收入转移到另一个税基(例如从个人税基转移到企业所得税基,或转到一税基的不同日期),则会发生财政外部性。当财政外部性增加时,ETI 会高估效率成本,因为观察到的应纳税所得额减少在一定程度上被另一税基或另一时间征得的收入所抵消。因此,当构建适用于福利分析的ETI时,有必要考虑应税税基上税收减少导致其他地方税收收入增加引起的各种税收变化,并了解适用于该项收入的相对税率。

有几个重要的税收转移例子。例如,1986年的税收改革法案将个人所得税最高边际税率调整到低于企业所得税率的水平,这增加了合伙企业和S公司*的吸引力,因为这些分配作为个人收入征税,而C公司的收入按企业所得税率征收企业所得税。所以,收入从个人所得税税基转移为企业所得税税基。类似地,预期到1993年个人所得税最高边际收入上调,一些纳税人将收入实现时间重新确定到1992年纳税年度(Feldstein and Feenberg, 1996)。一方面,从高收入者重新确定收入实现时间的能力来看,较之永久性税收变化,暂时性税收变化比的跨期财政外部性可能更大(Goolsbee, 2000)。另一方面,基于行为调整摩擦与长期考虑,例如遗赠规划,永久性税收变化可能带来更大的财政外部性。对财政外部性的完整核算也会考虑一般均衡效应。例如,较低的边际所得税率可能会增加劳动力的供给,提高通过其他基础征税的互补性要素(如资本)的税前收益。第3.3.5节讨论的跨境收入转移可能与全球视角下的福利分析有关,必须认识到,在通常情况下一国的税收流失将伴随着其他国家的税收获益。

税基的一些变化也会影响ETI的大小及政策含义。一个狭窄的税基比几乎没有减免的广税基可能有更高的ETI,因为税法中的漏洞会给避税提供便利。由于ETI是税基广度的函数,它不是一成不变的结构参数,而是部分地会受到政策制定者的控制。正如我们第9章讨论的,在Slemrod和Kopczuk(2002)提出的模型中,社会规划者通过税基广度的最优选择以及有效的ETI,在更高的行政成本与宽税基的效率收益之间进行平衡。

---

* 美国《国内收入法》(*Internal Revenue Code*)第1章第S分章定义的一类小型公司及纳税方式,一般而言,S公司不需要缴纳所得税,公司的收入或亏损被分配给持股者,持股者申报个人所得税时作为个人收入或损失。除了S公司外的所有盈利型公司都是C公司,按美国《联邦所得税法》,C公司的所有者和公司分开纳税。——译者注

5.2.1 逃税是否符合这个框架?

通过审计和对逃税的罚款而产生的税收变化代表着另一种财政外部性,但当风险成为纳税人逃税决定的一个决定因素时,会产生额外的福利结果。[③] Chetty(2009)认为一些减税活动——最明显是逃税,表现为不同主体之间的转移,在这种情况下私人成本与社会成本不同。对发现的逃税征收的罚款表现为逃税者的成本,但不是社会成本,因为逃税者的损失是其他人的获益。Chetty(2009)提出一种基于福利的测量方法来作为ETI的替代,这种方法基于应纳税所得额弹性与收入弹性的加权平均数,权重取决于隐匿收入的边际社会资源成本。当私人和社会边际隐匿成本不同时,Chetty(2009)的公式同样稳健。我们接下来将会通过直接调整MECF的标准公式,来以一种更直观的方式展示逃税的福利后果。

参照Chetty(2009),假设纳税人同时选择赚取的收入 y,逃避收入 e,给定外生的免税收入 A,来对如下Allingham-Sandmo式的期望效用最大化问题求解:

$$\nu(A, t, p, F) = \max_{\{y, e\}}(1-p(e))u(A+(1-t)y+te)+ \\ p(e)u(A+(1-t)y-F(e))-\psi(y) \quad (5.9)$$

这里效用 u 是消费的凹函数,ψ 代表工作的负效用,p 是审计的概率,t 是纳税人的边际税率,F 是逃税罚款。为了简化,让 $c_h = A+(1-t)y+te$ 和 $c_l = A+(1-t)y-F(e)$ 分别表示未被审计和被审计两种情况下的消费。消费和工作负效用的分离是为分析方便,但并未要求税收对劳动力供给和逃税的扭曲作用是相互独立的(Yitzhaki, 1987)。纳税人最优化的一阶条件(FOC)是:

$$[\partial e] \quad (1-p(e))tu'(c_h)-p(e)F'(e)u'(c_l) = p'(e)[u(c_h)-u(c_l)] \quad (5.10)$$

和

$$[\partial y] \quad (1-p(e))(1-t)u'(c_h)+p(e)(1-t)u'(c_l) = \psi'(y) \quad (5.11)$$

我们假设 p 是 e 的凸函数(这也是逃税文献的标准做法),目的是以简化表达方式假定税务机关有能力确定纳税人的真实纳税义务,同时这种情况下逃税可能性更大。我们也假设 ψ 是 y 的凸函数。

回顾第 2 章,当社会规划者选择最优的边际税率 t 时,最优化满足

$$[\partial t] \quad R_t = [T_t - B_t] = \frac{\alpha}{\lambda} T_t = -\frac{1}{\lambda} \frac{\partial v}{\partial t} \tag{5.12}$$

其中,第二个等式利用罗伊恒等式(Roy's identity),λ 是在社会规划者预算约束下的拉格朗日乘子,$v = v(A, t, p, F)$ 是纳税人的间接效用函数,R_t 是征得的边际净税收,T_t 是机械负担(mechanical burden),B_t 是对边际税率 t 变化的行为反应。④ 以上的每一项都要在逃税情况下进一步解释。净税收 R 等于报告收入中的税收,加上查获到的逃税和罚款,再减去税务审计的行政成本,如下:

$$R(t) = t(y - e) + p(e)[te + F(e)] - D(e) \tag{5.13}$$

所以,由于所得税税率 t 的增加净税收的边际变化等于

$$R_t = \underbrace{[y - e(1 - p(e))]}_{T_t} + \underbrace{\left[t\frac{\partial[y-e]}{\partial t} + t\frac{\partial e}{\partial t}[p'(e)e + p(e)] + \frac{\partial e}{\partial t}(p'(e)F(e) + p(e)F'(e) - D'(e))\right]}_{-B_t} \tag{5.14}$$

边际机械收入效应 T_t 考虑报告收入和检测到的逃税对税收收入的影响,而行为反应是纳税人对边际税率 t 的提高而做出的所有调整。p 和 F 为 e 的函数,且依赖于 t,我们进一步简化行为反应项 B_t,将它分解如下:

$$B_t = -t\left[\frac{\partial[y-e]}{\partial t}\right] - \left[t\frac{\partial[ep]}{\partial t} + \frac{\partial[pF - D]}{\partial t}\right] \tag{5.15}$$

第一项是最初报告的应纳税所得额对边际税率变化的反应,大量的实证研究试图估计这种变化[见第 5.4 节和 Saez(2012)的文献综述]。第二项表明当税率变化时纳税人的逃税选择可能发生的变化,这会影响通过审计、罚款和征管行政成本(其被模型化为逃税数量 e 的函数)而征得的税收。⑤ 该公

式有更广泛的含义：为使应纳税所得额的弹性成为边际效率成本的充分统计量，就必须考虑收入在税基之间（此情况下有不同的自愿缴纳税款、税收罚款和行政成本）和不同取得时间之间的转移，如 Slemrod（1998）和 Saez 等人（2012）所讨论的。为对该项进行经验估计，需要关于发现逃税的税收反应 ep、罚款收入 pF 和行政成本 D 等数据，即使税收执法引起的收入和罚款可能在税率改变后几年才被征得。

现在关注纳税人的福利问题，在不存在风险规避情况下，$\partial v/\partial t = -u_c T_t$。但在纳税人为风险规避或厌恶的情况下，由于逃税承担的风险成本增加，纳税人会有额外损失。使用包络定理，有：

$$\begin{aligned}
-\frac{\partial v}{\partial t} &= (1-p(e))(y-e)u'(c_h)+p(e)yu'(c_l) \\
&= y[(1-p(e))u'(c_h)+p(e)u'(c_l)]-e(1-p(e))u'(c_h) \\
&= \mathbf{E}u'(c)\left(y-e(1-p(e))\frac{u'(c_h)}{\mathbf{E}u'(c)}\right) \\
&= \mathbf{E}u'(c)\left(T_t-e(1-p(e))p(e)\left(\frac{u'(c_h)-u'(c_l)}{\mathbf{E}u'(c)}\right)\right)
\end{aligned} \tag{5.16}$$

这里，$\mathbf{E}u'(c)=(1-p(e))u'(c_h)+p(e)u'(c_l)$ 是外生收入的边际预期效用，$\mathbf{E}$ 代表分别在审计和未审计状态下效用的期望。联立式（5.12）和式（5.16）得出以下表达：

$$MECF=\frac{\lambda}{\mathbf{E}u'(c)}=\frac{1-\frac{1}{T_t}\left[e(1-p(e))p(e)\left(\frac{u'(c_h)-u'(c_l)}{\mathbf{E}u'(c)}\right)\right]}{1-\frac{B_t}{T_t}} \tag{5.17}$$

这里公共资金的边际效率成本不同于第 2 章的标准情况。分子上的额外项描述了逃税风险成本的边际增长，这个最先由 Yitzhaki（1987）讨论。与纳税人同意不逃税的税收收入相同的税制相比，这是预期效用的损失。税率的边际增长会增加纳税人承担的风险，因为逃税冒险的大小会随税率的增加而机械地增长。通过假定不变的相对风险厌恶效用并采取用泰勒级数在 $\bar{c}=\mathbf{E}c=(1-p)c_h+pc_l$ 附近的近似，可以得到更直观的结论：

$$e(1-p)p\left(\frac{u'(c_h)-u'(c_l)}{\mathbf{E}u'(c)}\right)\simeq -ep(1-p)\gamma\frac{\Delta c}{\bar{c}} \tag{5.18}$$

其中，γ是相对风险规避系数，且$\Delta c = te + F$，对于给定逃税数量e，超额负担越大，纳税人的风险厌恶程度越大，则审计和未被审计时的回报变化幅度$p(1-p)$越大，两者之间的消费差异越大，占平均消费的比例越大。对于给定的审计类别，都可以利用对风险规避的估计和逃税率、审计概率、逃税处罚数据来估计这一项。如果纳税人是风险中性者，则逃税没有多余负担，没有这一项。

总之，考虑到逃税的福利效应需要：

1. 如方程式(5.14)所示，加上被发现的逃税、逃税罚款以及行政成本的变化所带来的税收收入的变化。

2. 将私人逃税风险成本的变化加到MECF的分子上。

虽然我们的分析与Chetty(2009)类似，但我们在衡量税收边际福利成本中对ETI值得出一个不同的结论。没有采用Chetty(2009)的一般框架，该框架需单独估计应税所得、劳动收入的弹性，以及用于对这些弹性进行加权的隐匿收入的社会边际成本，我们要保留ETI在福利分析中的中心地位并做出两项修改，使逃税得到妥善处理。不像Chetty(2009)更一般化的方式，我们没解释由于对价格或成本的错误认知而产生的最优化偏差问题；虽然Chetty(2009)的有关评论是重要的，但是允许最优偏差的含义远超出了ETI文献的范围。然而，我们的方法处理了隐匿(逃税)的私人和社会成本存在差异的一个重要来源。

5.3 经验估计和识别问题

从经验上识别ETI可以归结为边际税率变化时纳税人应纳税收入的缺失量。文献中主要有三大类研究方法：(1)税收改革前后的比较，(2)收入份额分析，(3)基于面板数据的双重差分方法(difference-in-difference, DD)。

纳税人在税收改革前的收入不大可能是他们收入的一个好的估计，因为在没有税收改变时，许多与税收无关的原因，比如财富的变化、实际经济增长、商业周期变化，会使收入随时间推移而变化。假设存在一个群体受税收改革的影响相对较小，可以利用受影响的子群体收入份额的变化来控制收入的长期趋势来估计 ETI，利用人口平均收入有效地规范受影响群体的收入。如果收入分配的改变与边际税率不相关，则份额分析能提供 ETI 的无偏估计，但是考虑到近几十年工资不平等的大幅增长，这种情况不大会发生。基于这些原因，近年来的实证估计采用更复杂的 DD 模型。

DD 估计是份额分析的特例，设定控制组去衡量没有税收改革的实验组所发生的收入变化。与实验研究不同，实验组和控制组不是随机选取的，而是根据纳税人的收入选择的。如果收入群体之间存在不是由所研究税改引起的系统差异，则该系统差异会使估计存在偏差。此外，在税收改革中，实验组与控制组都经历了税率的变化，只是变化量不同，只有当实验组与控制组有相同的 ETI 时，DD 分析对 ETI 得出一致的估计。高收入人群有更大机会获取并使用避税，这只是 ETI 存在收入差异的原因之一。

当个人在改革前的收入是衡量没有改革情况下个人收入的一个很好的指标时，面板数据能提供潜在的信息。收入均值回归(mean reversion)是面板数据估计的特别考虑。为了解这一点，假设我们用面板数据去估计 1993 年最高边际所得税税率增加的 ETI。即使缺乏对税收的任何行为反应，基于 1992 年的收入我们也可以预测适用最高税阶的高收入者，仅通过均值回归可以看出相对于其他纳税人在 1993 年他们平均年收入下降，这向上偏离了我们对应税收入弹性(ETI)的估计。边际税率下调时，均值回归和行为反应会部分抵消，对 ETI 的估计产生下偏。用时间足够长的面板数据，变化的时间趋势可能能控制均值回归。这些问题在 Seaz 等人(2012)有更进一步的研究。

5.4 实证工作的经验

Feldstein(1995)开创性的使用面板数据去估计 1986 年税收改革法案中不同边际税率变化的 ETI。并且采用表格式的 DD 方法，他估计 ETI 在 1 到 3 之间，这表明在美国税收在拉弗曲线(Laffer curve)的禁区，所以减税将会提高收入。然而Auten和Carroll(1999)采用包含用于控制收入不平等和均值回归的回归框架,得出在相同税收变化下ETI为更低的0.55。因为与税收无关收入变化会改变纳税人的边际税率,Auten和Carroll(1999)使用两阶段最小二乘法来处理收入变化与观察到的每个人税率变化间的虚假关联。在第一阶段,他们用1985—1989年的税率,将由CPI的膨胀所引起的收入总额增加作为1989年的净税率的工具变量(不存在行为反应的净税率)。在第二阶段,对调整后的总收入(AGI)关于工具税率变化和其他控制的变化进行回归。值得注意的是,Auten和Carroll(1999)使用大样本面板数据去细分高收入的样本,使他们的估计提在一定程度上更准确,而对于Feldstein的研究来说这是不可能的,因为他们所用数据中的高收入者样本很少。

Gruber和Saez(2002)使用1979—1990年的税收面板数据,研究了1981年和1986年两次税收变化对应税收入和广义收入(扣除前的收入)的影响。与以往的研究不同,他们的面板数据包括州所得税,这在横截面和时间两方面都提供了税率的变化。他们的面板数据以3年为期间,使用了与Auten和Carroll(1999)做法相似的净税率变化的一个工具变量。由于他们的数据跨越多时期,所以能更好地控制收入不均等的变化和收入均值回归。对于广义收入(总收入减去资本收益和社会保险收入),Gruber和Saez(2002)估计的弹性只有0.12,高收入者的估计值也不太大,为0.17。然而,他们对应纳税所得额弹性的估计值却相对较大,这意味着大多数应纳税所得额通过扣除、免税和不征税等来反映。对于分项计量,ETI的估计值为0.65,但对于未分项计量,却是负的(尽管在统计上并不显著)。虽然有一些证据表明ETI随收入的上升而增加,但他们的数据并不能就ETI随收入水平的变化情况得出准确的结论。

与Gruber和Saez(2002)的研究结果一致,应纳税所得额的行为反应比广义收入的行为反应大得多,Kopczuk(2005)发现税基越窄,ETI越大。直观地说,可用扣除越多,纳税人因高边际税率而将收入从税基中转出的成本就越小。形式上,Kopczuk(2005)扩展了Gruber和Saez(2002)的框架,将税基宽度和税率净额变化间的交互作用纳入,用对税收没有行为反应的预测变化作为该项的工具变量。特别值得注意的是,Kopczuk(2005)估计对于没有税收减免的纳税人来说,3年内不会对税收做出任何行为反应。第9章阐述了由 Slemrod 和 Kopczuk(2002)提出的通过改变税基的宽度来实现 ETI 最佳设置的研究框架。

基于对文献的综述分析，Saez 等人(2012)发现在长期内 ETI 在 0.12 至 0.40 之间。最近从各种维度的研究越来越复杂，如使用更大样本的高收入者数据集，跨越足够长时间段的面板数据，来使非税收相关的收入趋势得到更好的控制，不仅研究减税政策，还研究上世纪 90 年代初的增税，这些与 ETI 估计值的下降趋势有关。

在 ETI 的实证文献中，关于财政外部性的充分证据凸显出要仔细调整原始 ETI 的估计，以准确衡量边际福利成本。尽管 ETI 作为充分统计量的吸引力，原则上降低了对行为反应的剖析进行识别的必要，但要精确解释财政外部性，需改进对税收变化所引起的纳税人边际反应的理解。

注 释

① 虽然在这里我们讨论应税所得税税基，但是考虑所有行为反应的观点适用于任何税基。

② 因为可以在最优化附近线性化纳税人的预算约束，故而研究线性税率并不是限制性的。

③ 我们假设纳税人的逃税冒险是其收入风险的唯一来源。

④ 我们将 $D'(e)$ 纳入 B_t，因为管理成本变化也是纳税人行为反应的结果。

⑤ 需要注意，没有假设罚款或管理成本与边际税率成比例，因此罚款收入和管理成本没有以边际税率 t 加权。

6 多样化的税制工具

在标准模型中税收自动被征得，但在实践中没有政府可以不在行政管理和执法程序上投入资源，就能期待纳税人遵守税法。保证合规、审计率、处罚，以及申报要求等程序，都代表了标准模型之外的重要的税制工具。

6.1 代扣代缴、税收缴款义务及企业的作用

代扣代缴是指某项或全部的纳税义务必须由扣缴义务人而不是税负法定的承担者解缴。税务机构通过和少数更大规模的、精通信息记录和会计制度缴款人打交道，可以利用规模经济，便利税收征管。同时这也是一种收入保障方式，即使纳税义务的法定纳税人没有报税或无视纳税义务，也可以保证部分税收的缴纳。①

代扣代缴义务通常仅限于商业机构和政府机构。个人作为雇员和消费者通常是被排除在外的——个人数量庞大并且通常不能胜任扣缴代理人。为了能够扣缴数额恰当的税收，扣缴义务人必须和税收的法定承担者建立一种持续的关系，或者代扣代缴计划要足够简单到不需要这种关系。

扣缴税款是指某一个人或某一实体缴纳一定的税款，而不是关于何种因素产生了纳税义务。税收缴纳（或者说税款征收）结构是比代扣代缴更宽泛的一个概念。比如说，零售税是一种消费税，所有的应纳税款由零售业缴

纳，同样增值税也是一种消费税，但应税义务由商业链条的进口商、生产商、经销商来缴纳。尽管增值税一般没有像零售税那样，被称为代扣代缴的税收安排，但它与零售税之间的关系是非常类似的，特别是在发票抵扣型增值税中，每个购货商都可以用交易中卖方缴纳的税收来抵扣自己的应税义务。企业税收制度，特别是综合性的企业和个人税收制度，可以利用征收企业所得税的一个方便的税柄(tax handle)来进行税收征管，通过公司分红可以推出个人持股。增值税和Hall-Rabushka方案设计的单一税率税制最主要的区别在于，对于后者而言，企业对员工的支付可以从企业应纳税收入中扣除，在个人的层面应该纳税。[②]然而，鉴于在现实中企业对劳动收入所得税进行代扣代缴，所以征税和缴税将十分相似。毕竟，劳动收入所得税可以被冠以劳动使用税。

代扣代缴在历史上扮演着重要的角色。1799年，第一个现代意义上的所得税由小威廉·皮特(William Pitt the Younger)引进到英国，由于该所得税种的收入比预期要少得多，曾被认为是失败的。1803年，首相亨利·埃丁顿(Henry Addington)引入的所得税很大程度上是成功的，因为他引入了从源泉预扣缴的概念(用我们的专业术语来讲就是代缴)。虽然亨利·埃丁顿适用的税率只是皮特的一半，但国库的收入增加了一半并且纳税人的数量翻了一番(Farnsworth, 1951)。第二次世界大战时期，美国引进了所得税源泉扣缴制度，使得个人所得税从只面向少部分富人的“阶级税”转变为绝大多数美国人要面对的“大众税”。Peacock和Wiseman(1961)的税收棘轮理论认为，这种战时税收征管基础设施的创新举措一旦正式实施，就会降低税收的边际成本，并在战后提升税收征管和收入。还有一些不那么重大的历史事件对代缴制度发挥重要作用也具有重要教育意义。Douglas(1999)详述了在19世纪早期天主教徒和爱尔兰的农户拒绝向新教教会缴纳什一税，超过一半的税收都没有被征到。1838年通过了一项法案，将缴税义务从佃户转换到地主身上，这使什一税对佃户来说比较隐蔽，更重要的是这使他们不情愿缴税不再是个问题。1882年美国移民法颁布了一项规定，对所有的移民征收50美分的人头税，由船长缴纳，征收便利。罗马大帝尼禄(Nero)下令对购买奴隶征收的4%的税，但这个税为何由卖方而非由卖方支付的原因不详(McCulloch, 1975)。

目前,所得税扣缴制度广泛存在。在 30 个 OECD 国家中,除了两个国家之外,对工资薪金的征税都实行扣缴制度,并且在其中的 21 个国家还要求利息支付代扣税收。[③]对其他收入来源的扣缴规定在经合组织的各国之间各有不同。在美国和其他 8 个 OECD 国家中,扣缴制度是类似的,纳税申报必须提交,并且应税义务要和扣缴税款相协调(或者在纳税年度按预估税款缴纳)。在美国,默认的代扣代缴计划意味着超过四分之三的纳税人缴纳过多,并有权获得无息退税。有的纳税人可能默认零息借贷和退税是一种强制性储蓄,有的则可能是谨慎从事以避免代扣不足的惩罚。Jones(2012)提出了第三个原因——惰性,根据他的发现,纳税申报者只会部分调整预缴税款以对扣缴义务或应税义务的变化作出反应。他发现纳税人通常在 1 年以后只会对不超过 30%的预期退税进行抵减,令人吃惊的是,3 年以后用于抵减的比例只有 60%。虽然所得税抵免(Earned Income Tax Credit, EITC)项目在过去 25 年里得到扩张,但所得税抵免纳税人对预缴税款进行调整所抵消的金额不超过纳税义务减免的 2%。

在 30 个 OECD 国家中,有 15 个国家对绝大多数纳税人实行精确的累积预提,提供免费的报税系统。[④]有 4 个国家会利用信息报告制成预填写的纳税申报表邮寄给纳税人,纳税人只需要作出补充或修改就可以申报表上签字并报税。只有瑞士和法国这两个国家没有实行预扣制度,而是要求纳税人完成年度申报并对平时的纳税义务分期缴税。2009 年,6 个经济体(智利、丹麦、芬兰、挪威、斯洛文尼亚和瑞典)为大多数需要填写纳税申报表的纳税人提供了一项服务,能以电子或纸质的形式为纳税人提供年末填写完整的纳税申报表。另外三个国家(新西兰、新加坡、西班牙)的税务机关对 30%至 50%的个人纳税人也提供了这项服务。

有人认为我们对扣缴制度的关注似乎是很奇怪的,对于税收他们只知道什么是教科书上讲了的,什么是没讲的。这是因为几乎所有的现代税收理论都是关于何种因素引起了纳税义务,可能是因为收到工资、消费某一特定的商品或服务或者拥有一项具有一定价值的财产。现代税收理论对已经发生的纳税义务应该由谁或什么主体缴纳并不明确,也假定这无关紧要。的确,不变性和无关性是存在的,大多数公共财政学教科书主张:应税交易中,由哪方缴税(或法定义务归哪方)并不重要,因为税收归宿是相同的,产生的所有结果(除了含税价和不含税价的叫法)也是相同的。为了暂时相信这个无关性,试想一下这样的情形,在一个实行5%销售税的零售企业,你购买一件不含税价是1美元的商品,你走向收银员,注意到在收音机的旁边有一个小小的罐子,上面写着“征税专用”。现在试想有两种不同的缴税制度。第一种情形下,你将一张1美元的钞票和5美分的硬币给了收银员,收银员将1元钱放入收银机,将5分钱放进罐子里。在第二种情形下,你将1美元钞票给了收银员并将那5美分放进了那个罐子。在这个例子里面可以很清楚地看到是否由收银员将5美分放入罐子一点都不重要,税收缴款制度并不相关。

这个无关性定理是一个大众定理,但其中的假设并不明确。这个定理认为由商家还是消费者来缴纳零售税并不重要:结果是完全一样的。比如不管是在零售税下,零售商单方根据销售额缴税,还是在增值税中,所有的商业主体根据其增值额缴税,都是无所谓的。但是历史和现实的实践表明税收缴款结构确实很重要。超过30个国家以25%及其以上的税率征收增值税,超过70个国家使用15%及其以上的增值税税率(KPMG, 2012),但是没有一个国家以超过10%的税率征收零售税。因此我们可以推断这些教科书上等同的制度在实际中并不等同。⑤源泉扣缴制度的广泛推行也说明了税务机关对它的重视。

根据沃尔特·赫勒(Walter Heller)关于经济学家的著名定义,当经济学家发现某样东西在实际中起作用时,他会思考在理论上是否仍然有效。现在我们回过头来就可以看出,上文的无关性定理在理论上如何崩塌。首先试想一个标准的局部均衡商品税税收归宿分析。当供货商负有法定缴税义务时,要求消费者将商品的价格 p_c 支付给供货者,假设特定的税率 t 市场出清:

$$S(p_c - t) = D(p_c) \tag{6.1}$$

相反,消费者承担法定缴税义务时,

$$S(p_s) = D(p_s + t) \tag{6.2}$$

其中 p_s 是供货商接受的价格。认识到 $p_s \equiv p_c - t$,不管由哪一方缴税,双方都处于同等的经济地位。

但是当供需双方的逃税或避税的技术方法有差异时，由消费者缴税时的需求函数是：

$$D = D(p, \tau, \omega_c) \tag{6.3}$$

当由供给者缴税时，供给函数是，

$$S = S(p, t, \omega_s) \tag{6.4}$$

其中，τ 和 t 表示消费者和供应商为法定税款负担者时两者分别缴纳的税率，相应地，ω_c 和 ω_s 是分别刻画消费者和供应商两者逃税（避税）技术的参数。只有在

$$\frac{\partial D}{\partial p} - \frac{\partial D}{\partial \tau} = \frac{\partial S}{\partial p} + \frac{\partial S}{\partial t} \tag{6.5}$$

这种特定的情形下时，经济归宿和其他的结果才和缴税主体无关，正如在标准模型中，$\partial D/\partial p = \partial D/\partial \tau$ 和 $\partial S/\partial p = -\partial S/\partial t$。通常来讲，出于各种原因，比如信息报告的要求不同、可观察性不同、对交易进行审计的难以程度不同，买卖双方避税和逃税的机会是不同的。

在某些情况下，缴纳责任的分配限制了可以实施的税收种类。例如，众所周知，在每个企业税收遵从成本固定情况下，零售税对小公司会形成"累退"的税负，但是如果零售税由消费者缴纳且不能根据零售企业的规模进行调整，即使不考虑逃税和避税行为，两种不同的税收缴款安排也会产生不同的经济影响。一般而言，税收是否可以个性化的条件依赖于税款缴纳责任的分配。

鉴于扣缴和缴纳制度在现代税制中的至关重要性，令人吃惊的是，对其影响的实证分析十分缺乏。例外的是 Dušek (2006)，他利用美国的州政府在 1940—1970 年实施所得税扣缴制度的制度变化，来研究以扣缴制度为代表的更具效率的税收是否会导致大政府。他发现在税率不变的情况下，引入扣缴制度即时并且永久性地增加了 24%的所得税收入，国家对所得税的依赖程度也增强。引入扣缴制度税收总额（包括非所得税收入）增加了 7.7%，但是 Dušek (2006)认为，更有效的税收导致更大的政府这个因果关系最多解释了 3.9%的税收增加，然而至少 3.8%的税收增加是由于更高的支出需求所引起的扣缴征收。

应该认识到税收缴款制度安排会产生重要的效率结果，最优性要求在买方和卖方，或在雇佣关系下的职工和企业之间配置纳税责任，以尽量减少税收行政成本和遵从成本的加权总和。虽然纳税人最终会直接或间接地承担税收制度的成本，但行政管理成本的资金是由税收收入来提供的，因此需要以公共资金的边际效率成本来衡量，要高于一次总付税的效率成本。在第7章会建立一个一般化的模型来更正式地解决这个问题。

Logue 和 Slemrod(2010)表明，最优税收缴款责任分配所隐含的经济含义，类似于科斯关于最优侵权责任分配的深刻见解。科斯定理以无成本的谈判为基准，提出经济效率不受法律权利分配的影响。比如说，无论吸烟者是否赋予吸烟的权利，或者不吸烟者是否赋予呼吸新鲜空气的权利，通过谈判会产生相同的社会最终有效吸烟数量。当然，双方的相对财富会受到法定权利分配的影响。然而，在实际情况中，谈判成本是很高的，而且法定权利的分配的确会影响到效率。Calabresi(1970)认为侵权责任的分配应该使社会成本最小化，在他所举的汽车的例子中包括了车祸的损失，避免车祸的成本以及实施侵权制度的行政成本。

将邻里之间造成损害的情况延伸到买卖双方的行为，买卖双方的交易结果可能会对非交易的第三方造成损害——在偷税漏税的情况下，第三方是作为一个整体的全体居民，要求广义化的科斯定基准理框架。当第三方无法和造成损害的各方进行谈判，或不能采取任何手段避免这种损害时，典型的外部性就产生了。科斯的观点告诉我们，当买方和卖方都不是“最低成本的损害避免者”时，将侵权责任分配给卖方还是买方都不重要。这恰好类似于教科书上税收缴纳的不变性观点，其税收归宿只取决于买方和卖方的相对供给和需求弹性，而不是由谁向政府开具缴款支票。

根据 Calabresi 的观点，Logue 和 Slemrod(2010)指出，当买方和卖方对税制运行的私人和社会成本有不同的影响时，应该将缴纳责任分配给使税收制度社会总成本最小化的一方。因此，不需要把缴纳责任分配给私人遵从成本最低的一方，如果他们本来就不诚实或者更容易伪装自身的活动来避税的话，为征得既定数量的税收收入将需要更高的行政开支。

在实践中，企业承担大量的税收缴款责任，最近两项研究有力地表明，在美国和英国的税收收入总额中，超过80%的税收都是由企业支付的。[⑥]证据显示，在发展中国家从企业征缴税收更为普遍。重要的是要认识到我们所讨论的企业在税制实施中的作用——税收缴款和信息报告。这必须同企业法定的税收责任和税收归宿区别开来。

Richard Bird(2002)曾优雅地阐述了企业的推动力，他写道："高效税收的关键是信息，在现代经济中信息的关键是企业……企业相当于在现代财政国家边境上的关税壁垒"。因为税收缴纳存在规模经济效应(相较于由消费者或雇员等每个人分别处理，由数量相对较少的大的商业组织处理成本更低)，而且企业通常都有信息记录和会计系统，这使税收缴款和信息报告的过程得到了简化，因此从企业征缴税款可以节约征管成本和遵从成本。

值得注意的是，虽然处理小规模的商业活动通常的成本效率不高，但很多税收制度要么完全免除小企业的纳税责任，要么为小企业提供特殊的税收管理制度以简化税务流程，从而改变了纳税义务的基础。在许多国家，对小公司的豁免实际上是由于执法不严。[7]这些政策意味着税款征收主要集中在相对大型的公司。据近期的一份研究报告表明，在非洲和中东国家，根据公司规模大小分配税收责任是比较典型的，不到1%的纳税人的缴税额占了税收总额的70%以上，报告也指出了高度集中的税款征收模式的具体例子：在阿根廷，0.1%的企业纳税人缴纳了全国49%的税收；在肯尼亚，0.4%的纳税人缴纳了全国61%的税收。[8]在11章中，我们会详细地讨论在有征税成本情况下小公司的最优处理。

6.2 信息报告

对于基于可观察可核查数据的稳定的税制运行而言，信息是十分重要的。在自我评价系统中，大量信息由纳税人提供给税务机构，税务机构通过审计或者第三方提供的信息报告进行核查。第三方信息报告是指对某些特定的第三方(例如，企业、金融机构、非税务性的政府机构)，强制性要求这些主体向税务机关报告付款情况(以及其他与税收有关的交易)和收款人的详细信息(一般是纳税人识别号)。可以将这些信息与实际的税收缴纳进行比较，使有疑点的纳税申报表还得到发现，并执行后续的执法行动。要想成功逃税,需要提供信息报告的一方和承担缴税义务的一方配合协调,但是其中的关键是,双方的动机和伪造数据的意愿不太可能相同(动机甚至可能是相反的)。因此,在给定数量的征管资源下,信息报告的运作体系通过增加查获风险降低了纳税非遵从。在实践中,要使这种制度安排对收入主体的吸引力得到有效提高,必须要有电子化的第三方信息报告手段,并且利用高集合度的纳税人识别号,促进税务机关的记录和信息报告的匹配。

大多数的发达国家强制性地要求提供工资薪金、股息分红和利息收入(多数和扣缴制度有关)的支付报告。然而,除了这些类型的支付以外,不同的国家对强制性第三方报告的要求也有很大的差异。根据美国税法的要求,必须向美国国内收入局报告的交易极其广泛,通常是以电子版提交,以实现与税务机关的记录相匹配。除了工资收入和投资收益以外,这些交易还包括农业上的支付、收到的小费、易物交换的收入、经纪人交易、资本利得的分配、非雇员补偿和费用、渔船船员收入、付现交易、规定赌博收入、房地产交易、租金、证券交易(OECD, 2009)。

信息报告对逃税的影响有一个非常著名的案例是,1987 年美国要求纳税人为其所抚养的 5 岁以上的孩子报告社会保险号码(SSN)。长期以来美国国内收入局一直怀疑许多纳税人声称的抚养对象要么不存在,要么不符合税法扣除的规定,根据 IRS 的研究人员约翰·西拉吉(John Szilagyi)的建议,IRS 实施了社会保险号码报告要求。但令人吃惊的是,1987 年确认的被抚养者家属人数比 1986 年少了 520 万(LaLumia and Sallee, 2013)。减少的数量有一部分可能是由于孩子的父母没有为合法的小孩获得社会保险号码,或者是父母离异后父母双方都进行报告而产生的误差,但根据 LaLumia 和 Sallee(2013)的估计,有 420 万的被抚养者被不当申报。

Gillitzer 和 Skov(2013)研究了 2008 年丹麦引入信息报告和慈善捐赠税前扣除的情况。他们发现随着改革的推进,申请扣除的申报数量增加了 1 倍,但这些申报表中的价值只增加了 15%。他们把这一变化主要归因于那些不积极的纳税人,在此前的自行申报制度下,他们不愿意麻烦去申报本来符合条件的慈善捐赠支出扣除。

英国引入的向税务机关的信息报告有不同的要求,纳税人有义务在一开始就将避税计划向税务机关报告。这项政策旨在提高税务机关打击不可接受的避税活动的能力:这样税务机关有机会发起早期的法律行动,并了解谁在制定和实施这样的计划。重要的是,当逃税计划和现实的经济决定共同作出时,信息报告影响的不仅仅是逃税行为。

当然,税务机关不能只是坐等信息报告,还要积极地寻找有助于验证纳税义务的信息。比如,这些信息可能来源于公开的专业许可注册。有人提出了巧妙地获取信息的方法。估算房屋所有者自住住房的租金价值时,可以依据法律规定的向政府出售该财产可获得的价值来衡量,比如,这可能是报告的租金价值的30倍。当然,这种制度安排的可行性取决于政府能否可信地履行承诺,满足所有纳税人潜在的向其出售财产的需求。

国际性的避税地(tax havens)在帮助高净财富值人群逃税上发挥了关键的作用。在2009年4月的G20峰会上,成员国发起了协调行动来减少利用避税港的逃税行为,迫使每个避税地国家至少签订了12条包含信息交换的协定(Johannesen and Zucman, 2014)*。到2009年年底,签署的类似条约超过了300条。使用国际清算银行(BIS)关于双边存款的机密数据,Johannesen和Zucman发现签订了条约的避税地国家的存款出现了小幅下滑。但是,所有避税地的存款总额受到的影响很小,因此,人们并没有把钱汇到非避税港,签订信息共享条约的浪潮只是让人们将存款转移到了没有签订条约的避税地,这些地区一直顶住压力,拒绝参与信息共享。签订条约的避税地的存款额小幅下降表明信息共享协议是无效的,值得注意的是,该协议只要求根据请求提供信息,相对于自动的全球信息共享而言,执法威胁相对较弱。

6.3 依靠市场交易

将市场交易(发生在无关联关系的买卖双方间的自愿交易)作为纳税义务的基础有几个优点。首先,市场交易的信息可以从任何一方获取,这使信

* Johannesen, N., Zucman, G., "The End of Bank Secrecy? An Evaluation of the G20 Tax Haven Crackdown", *American Economic Journal: Economic Policy*, 2014, 6(1), 65—91。作者写作时参阅的该文还未正式发表。——译者注

息的准确性能够自然地得到检查。第二，市场交易往往能够更好地记录，交易信息记录越完善，收集信息的成本就越低。最后，无关联关系的双方的市场交易建立了公平的市场价格，其可得性便利了交易价的值评估。例如，增值税几乎完全依赖市场交易，而资本利得税是根据收付实现制，而不是理论上更可取的利用了市场交易价值度量优势的权责发生制。相比之下，对房产和财富的税收通常不能利用市场交易来可靠地估量财产的价值。[⑨]

在不存在合理的市场交易的情况下，税收的执行成本高昂。比如，市场交易的主体是跨国公司的子公司与另一家子公司，并且双方在不同的国家。如果没有得当的监管措施，通过操纵子公司之间的交易价格（转让定价）应税收入在相当大范围内将会被转移到税率较低的地区。为了避免这种情况的发生，税务机关会要求使用市场交易价格。但如果子公司与外部公司之间没有交易（与外部公司的交易价格不会被人为操纵），尤其是交易价格又是无形的，如专利权的转让之类的交易，这会使执行显得异常困难。

并不是所有的市场交易都有利于监控税基。以现金支付的市场交易，税务机关很难监控到。Morse 等人（2009）对美国的现金经济提供了一个引人入胜的窥探。他们对包括现金交易的企业主、银行管理者以及税务代理人等在内的，与现金交易有关的个体进行了采访，发现逃税现象很普遍。例如，“店主会少报现金收入，然后用多出来的这笔钱支付给员工（员工少报工资收入），或支付给自己（低报自己的自雇收入），以此来逃避收入、工资和自雇税收”，甚至是零售税。[⑩]许多利用现金的逃税者通过建立平行的现金经济来逃税，他们收到现金收入、用现金支付部分费用，用未上报的现金收入用于其他的现金支出，现金交易者会用现金支付存货或其他费用，但不上报这部分支出，这样就可以减少税务机关对收入和成本不匹配的怀疑——由于收入和支出与销售额应该近似成正比关系。

现金交易出现的一个问题是，当纳税人需要申请银行贷款时，纳税申报表其实是低估了他们的盈利能力，从而影响到银行的授信额度。Morse 等人（2009）的报告表明，一些现金交易者提交的是虚假的纳税申报表。[⑪]还有一种可能是 Kleven 等人（2009）提出的，他们在解释为何逃税的私人成本在规模上呈凸性时，认为现金交易的另一个问题是容易受到员工揭发的影响。Morse 等人（2009）认为现金交易的存在导致的员工偷盗是一个更突出的问题，并指出雇佣家庭成员是解决该问题的一个策略。Kopczuk 和 Slemrod (2011)给出了一种家族企业的程式化模型，在这一模型中，雇佣一个可信的员工带来的收益与雇佣一个不合适的员工的成本相平衡，那么企业对投入(即是现金还是银行存款)的最优选择，反映出他们税收行为的可观测性。

6.4 其他基于信息的税制工具

另一个基于信息的税制工具是税收细节的公开披露。正如 Lenter 等人(2003)探讨的那样，公开披露的支持者提出透明的税收政策带来的益处，同时强调了信息的公开有利于税收遵从，因为过分地低报收入可能导致纳税人披露的个人真实信息和申报信息相矛盾，因此这也是税务机关收集相关信息的一种方式。迄今为止，关于公开披露效应研究的少量实证文献向我们提供了公开披露对税收遵从影响的多种证据。Hasegawa 等人(2013)调查了日本的信息披露制度，该制度于 2004 年终止，它要求企业和个人在应税收入达到一定标准时对信息进行披露。但是他们发现许多企业和个人人为操纵申报收入，将其控制在公开披露的标准之下，但是没有发现证据表明该制度对任何税种的纳税遵从度有整体的积极影响。Slemrod、Thoresen 等人(2012)研究了挪威的信息披露制度，利用自 2001 年起挪威在网上公布的税收数据，在此之前只有部分社区的税收数据能够获取。他们发现，2001 年以后，那些原来信息披露有限的社区报告的商业收入平均有小幅增加，这与公开披露会抑制逃税的判断相一致。

还有一种政策工具是向纳税人提供有用的税法信息。从某种程度上来说，部分税收不遵从是由于税法信息缺乏导致，我们通常认为对纳税人进行培训是有益的，如出版并分发税法信息小册子、设置免费的问答电话、网页上常见问题解答、组织报税人的研讨会。对税务机关而言，到底是选择增加执行投入还是向纳税人提供更多信息，犹如“胡萝卜还是大棒子”的选择一样，是常见的、经常引起争议的问题。[12]澳大利亚促进税收遵从的方式尤其重视这一点，认为纳税人对税务机关的信任和尊重是鼓励自愿税收遵从的关键(Braithwaite, 2003; Leviner, 2008)。正如我们在第 3 章中所探讨的，在大量证据支持威慑模型的情况下，采取这种方法对减少逃税的作用可能相对有限。此外，需要注意的是，更充分的信息不一定能带来更多的税收缴纳，但能使税收缴纳更为准确。在第7章有关税收横向公平的讨论中，我们将探讨怎样正式将准确的税收评估的社会价值纳入考量，但事实证明这是难以达到的。除了对税款缴纳的影响，如果更充分的信息降低了税收遵从成本和管理成本，那么信息公开将有益于社会。

有多种证据表明信息的提供会影响纳税人的选择。Chetty 和 Saez (2013)在 H&R Block 公司(报税公司)的客户中进行了一项大型的随机实验，以检验信息提供对符合 EITC 条件的纳税人收入的影响，他们接收到为其定制的信息从而传达他们的边际激励(对有效的边际税率或补贴)，赚取(或申报)更多的收入。证据显示，潜在的符合 EITC 条件的纳税人对所得税抵免的了解程度很低，这表明更充分的信息可以帮助纳税人选择报告更多的收入。为了检验这个假说，Chetty 和 Saez(2013)将 43 000 名从 H&R Block 公司收到了所得退税款，又有一个或多个家属的个人作为研究对象，将其中的一半划入实验组，让他们意识到所得税抵免为其带来的简单且具个性化的激励信息。例如，告诉那些使用所得税抵免的纳税人"努力工作是值得的"。处理组和控制组中72%的申报者第二年又到 H&R Block 公司申报纳税，作者以此建立一个面板数据研究发现，平均而言，对纳税人提供税法信息对收入没有明显的影响。但是，在报税员中的影响有着显著的异质性。在被归为纳税遵从者的人中(被定义为那些拥有的收入高于7 000美元，但还没有开始逐步取消所得税退税)，信息提供带来了所得抵免收入3%的增长。Chetty 和 Saez(2013)得出的结论是虽然单独使用信息提供对收入的影响很小，但提供的信息与税务咨询专家的建议相结合时，对收入的影响是显著的。

不仅很多纳税人没有将 EITC 所设计的激励内在化，而且符合所得税抵免条件的纳税人参与税收抵免的比率也只有约 75%(Plueger, 2009)。为了评估信息缺乏、交易成本和抑制所得税抵免参与的复杂性问题，Bhargava 和 Manoli(2011)随机发出了各种邮件——邮件的内容和复杂性都不同，收件人是加州 2009 纳税年度填写了纳税申报表并符合所得税抵免条件但并没有申报该项的 35 000 名纳税人。尽管在他们的实验样本中，所有报税人都没有以标准的邮件回复自己可能符合条件，但收到国内收入局进一步的标准提示信使得样本的所得税抵免参与率提高了14%。与收到第二种标准提示的控制组相比，布局简化、重复性低的实验邮件的回复率进一步提高了6%。与该证据一致的是，以家庭为单位的纳税申报，往往会低估自身有资格享受的所得税抵免，有价值信息的提供进一步提升了劳动所得抵免的参与度。有趣的是，在预期的时间向纳税人提供信息使其完成申报程序，并发送消除享受所得抵免不好声誉的邮件——比如将其描述为努力工作的奖励——并不能增加申请参与度。正如前文对税收遵从的讨论，对社会良知的倡导似乎不能影响人们的行为。

6.5 审计和惩罚

到目前为止讨论的税制工具大多是关于税务机关如何高效利用信息来确定纳税义务。但最终部分纳税人还是会故意提供不准确的信息或者根本不提供信息，此时税务机关就必须进一步调查，甚至还对不遵从的行为采取惩罚措施。如表6.1所示，对个人纳税申报表的审计只占总申报表数的1.11%，但纳税人申报的收入类型和收入规模都有很大的差异。对个人而言，被审计的概率随申报收入增加而上升[13]：在2011财年，那些对总收入无调整或进行调减的纳税申报表，美国国内收入局审计的比例是3.42%；对申报的调整后总收入在25 000美元到50 000美元之间的申报表，审计的比例下降到0.73%；对申报的调整后总收入超过1 000万美元的申报表，审计的比率上升到29.93%(IRS, 2012b)。高审计率只适用于少部分的申报表：提交的申报表中超过四分之三的申报表有正的调整，调整后总收入低于75 000美元的申报表被审计的概率约为1%(IRS, 2012b)。有营业收入的个人(不受第三方信息报告的影响)，相较于那些没有申报营业收入的人，面临着更高的被审计概率。同样，对企业来说被审计的概率随企业总资产的数量的增加而急剧上升：在2010年企业所得税申报表中总资产大于等于200亿的450家企业，有20家将在2011年被调查(IRS, 2012b)。对企业所得税申报表的审计几乎都是面对面进行的，但是对于个人所得税申报表的审计超过80%都是通过通信进行。

表6.1　美国审计覆盖面(按纳税申报表的类型和规模分类)

2011财年检查的纳税申报表	
纳税申报表类型	审计覆盖率
个人所得税	1.11
总收入无调整	3.42
1美元以上25 000美元以下	1.22
25 000美元以上50 000美元以下	0.73
50 000美元以上75 000美元以下	0.83
75 000美元以上100 000美元以下	0.82
100 000美元以上200 000美元以下	1.00
200 000美元以上500 000美元以下	2.66
500 000美元以上100万美元以下	5.38
100万美元以上500万美元以下	11.80
500万美元以上1 000万美元以下	20.75
超过1 000万美元	29.93
收入总额在200 000美元以下的申报表	
无EITC的非商业性申报表	0.6
无EITC的商业性申报表	1.8
有EITC的申报表	2.1
收入总额在200 000美元以上100万美元以下的申报表	
非商业性申报表	3.2
商业性申报表	3.6
企业所得税申报表	1.5
小型企业(总资产在1 000万美元以下)	1.0
大型企业(总资产在1 000万美元以上)	17.6
自雇者的纳税申报表	0.2
房产税申报表	18.2

资料来源:IRS(2012b)以及作者的计算。

根据2011财年的审计结果显示,美国国内收入局对个人所得税的建议补缴金额是146亿美元,企业所得税的建议补缴额是256亿美元(IRS,2012b)。对个人而言,在所得税被低估的纳税申报表中,有超过三分之一的调整后所得总额超过100万美元,而另外25亿的少缴税收是由于所得税抵免收入申报和总额在25 000美元以下的收据导致的。超过90%所得税缴税不足的企业总资产都在10亿美元及以上，这也部分解释了对大企业的高审计率。并不是所有的审计结果都是要求补税：根据审计结果，对个人纳税人差不多有11亿美元的退税（退税总额超过一半的是来源于调整后所得超过100万美元的纳税申报表中），还有45亿美元主要是对大型公司的退税（IRS，2012b）。这样部分抵消掉以后，审计的流程使税务局不用支付超过50亿美元的退税，其中有42亿美元是由于企业所得税的填报导致的（IRS，2012b）。

IRS对那些“缺少经济实质”（这意味着除了减少缴纳联邦税收的效应外，没有实际改变对纳税人的物质状况）而少缴纳税收的情况，按照20%的标准处以罚款，税务机关对于以欺骗的方式不足额缴纳税收的，处以75%或更高的罚款，还要加上罚息（IRS，2012a）。各国对少报的纳税义务都采取了类似的行政处罚：对于没有足够注意产生、故意瞒报、欺诈或是刑事案件的处罚等，根据违法的严重程度采取不同的惩罚。尽管实际操作不同，但有一种常见的做法是，逃税额占应纳税总额的10%至30%被认定为轻微违法，而故意逃税的金额在40%至100%的区间就是严重违法（OECD，2011）。

面对1.1%的被审计概率，20%的逃税罚款，根据A-S模型预测，纳税人必须是极度厌恶风险，才会将其收入的相当比例向税务机关申报。假设纳税人效用的相对风险厌恶系数γ不变，税率是30%，假设使用的是Yitzhaki提出的处罚形式[参见方程式(3.5)]，A-S模型显示，即使$\gamma = 20$，纳税人也只会申报自己三分之一的收入。即使罚款率是75%，风险厌恶系数为20时，A-S模型预测的逃税率也会高于30%。调查法过去常常归咎于风险承受力低估了大多数人的风险厌恶系数（Kimball et al.，2008），认为对大多数人来讲实际检查概率会远高于报告的审计率，例如由于第三方信息报告的影响。[14]

6.6 多种工具的计量经济学

计量经济学分析中产生的一个潜在偏差就是对税制工具运用的忽视，而多种税制工具的运用是直接且重要的。在一定程度而言，非税率税收工具具有行为效应且与税率相关，非税率税收工具也会对税率产生影响。关于该问题的实证调查由于缺乏非税率工具的相关数据而受阻，但是OECD新近公布的各国税务行政的数据改变了这一局面，在2010年版的数据里面包括了49个国家（34个OECD国家和其他15个国家）。此外，Kawano和Slemrod(2012)根据国际财政文献局(International Bureau of Fiscal Documentation)年度报告中关于税制变化的叙述性报告，建立起了关于OECD国家1980—2004年企业所得税制变化的新数据库。对于每个税基措施，比如资本弱化、亏损的移后扣减和移前扣减、加速折旧、投资税收抵免、境外所得税收抵免、研发支出免税，这个数据库记录了税基变化的时间，并根据每次变化是扩大还是缩小了税基对其进行编码。Kawano和Slemrod指出，相对于没有税率变化，法定税率变化更可能引起税基变化，较之缩小税基的措施，税率降低更可能与扩大税基。

Kawano和Slemrod(2012)使用税基变化的新数据扩充了之前的实证研究，推翻了企业所得税收入和法定税率之间显著的横向负相关关系。这一发现是很重要的，因为典型的研究以企业所得税占GDP比例与企业所得税税率、企业所得税税率的平方、代表世界宏观经济状况的年度固定效应等进行回归，显示出使收入最大化的公司税税率在20%到30%之间，这意味着美国等国家的企业所得税税率在拉弗曲线上错误的一侧。在修正了定义的企业所得税税率和税基共同变化所导致的变量偏差之后，研究发现法定税率和税收收入之间没有显著的相关关系。有趣的是，Kawano和Slemrod(2012)发现一些扩宽税基的变化与企业所得税收入增加有关，研发税收抵扣和国外税收抵免对企业所得税收入也有很大的影响。

6.7 税制变化可以解释税收水平和实际人均收入之间的跨国显著正向关系吗?

Kawano和Slemrod(2012)在第9章中对这个问题进行了详细的讨论，表明征税成本的变化（以及社会对再分配的偏好）可以解释税制的国际差异。这一变化还可以解释多少税收被筹集以及一个在税收研究中最为显著的(对一些主张有限政府人来说是最麻烦的)税收统计规律——相较于贫穷的国家,更富裕的国家会征收更多的税收,不管是不同国家之间还是一个国家内部都一向如此。虽然对这种实证关系的存在没有争议,但关于怎样解释这一关系存在着争议。乍一看,人们专注于税收的结果时可能会想到税收水平与社会繁荣之间的因果关系:更高的税收收入会使社会更加繁荣、人们的实际收入提高。因此,假定税收抑制了人们创收的激励,并产生了超额负担几乎是不可能的。然而,政府利用税收收入提供的一些服务,比如教育、医疗、基础设施确实有益于社会繁荣,因此税收水平和收入之间的正相关关系可以在一定程度上加大(特定)政府活动对社会繁荣的影响,这似乎是合理的。但还有另一种被称为瓦格纳法则的解释是,这种正相关关系反映了一种需求现象:更加富裕的公民对政府公共服务的重视程度和需求量会更大,通过政治程序可以获得更多的政府服务。瓦格纳(Wagner, 1911)认为随着城市化的发展,对这些社会服务的需求会不断增加。

另一种不互斥的可能性是,在较富裕的国家,征税成本更低,因此在其他条件相同的情况下,富裕国家的政府可以提供更多成本相对更低的公共服务。正如Slemrod(1995)所探讨的那样,仅仅利用横截面数据来理清这些解释是很困难的,就算是可能的话,也会产生识别的问题。这不是因为缺乏尝试。Goode(1968)研究了各国税收水平的不同,他认为收入并不是驱动因素,这种关联结果产生的原因在于,人均收入和其他社会经济条件之间具有的正相关关系,这些条件使直接税易于接受并且有效,比如,人们素养较高、标准会计方法的广泛使用、高效的公共行政管理以及政治的稳定性。Tanzi(1992)研究了83个发展中国家自1978—1988年税率的决定因素,得出的结论是,尽管对数化的人均收入水平和税率呈正相关关系,但农业产出占GDP的比重(税收征收成本的代表,符号为负)比人均收入更能解释税收份额的变化。当这两个变量都作为解释变量时,人均收入不再具有统计上的显著正效应,但是农业份额的负效应仍然存在。[15]

Robinson和Slemrod(2012)注意到人均收入和税制的非税率方面的系统性关系,并研究当税制措施稳定时,税收水平和人均收入之间显著的正相关关系作为一种偏相关性是否还继续存在。他们得出的结论是,行政管理努力的变化会影响税收水平,并且这些变化与一国的发展水平相关。他们将该现象解释为一个初步性证据:税收水平和人均 GDP 间的正相关关系在一定程度上证明了征管程序,特别是征管工作因国家的发展程度不同而不同,高收入国家相较于其他国家而言在征税方面更加成功。

注　释

① 税收制度往往包含了对准确、记录完整的预提制度的间接激励。例如,为了保证从应税利润中扣除支付的工资,企业需要有自己的支付记录,否则扣除可能会面临挑战(不可税前扣除的风险)。

② Hall 和 Rabushka(2007)。

③ 我们指的是 2010 年 OECD 扩大(智利、爱沙尼亚、以色列和斯洛文尼亚等成为成员国)之前的数据。

④ 准确地扣缴税款可以保证纳税人在年底没有没有多交或少交的税款和转移项目。在英国的所得税预扣法(Pay As You Earn System)中,税收相关信息会从纳税人传递到政府,再到企业,企业则相应地调整对员工税款的扣缴。

⑤ 在美国的一些州,地方和州销售税税率合计在 10%以上,但在所有的州中,州和地方销售税综合税率的平均值在 10%以下(参见 Tax Foundation, 2012)。

⑥ 见 Christensen 等人(2001)和 Shaw 等(2010)。

⑦ 对各国适用于小企业的特殊税收制度的评述,请参见国际税收对话论坛(International Tax Dialogue, 2007)。

⑧ 这份报告是国际税收对话论坛(2007)。相比之下,发展中国家的大多数制造业就业都是在小公司(员工少于 10 人);例如,参见 Tybout(2000)。Gauthier 和 Gersovitz(1997)对喀麦隆税收集中情况进行了记述。

⑨ 尽管因为遗嘱认证而产生的估价过程会促进遗产税的征收,但英国前首相大卫·劳合·乔治(David Lloyd George)却认为"死亡是向富人征税最方便的时间点"(Riddle, 1933, p.23)。

⑩ 在美国,现金的使用主要集中在零售业,参见 Humphrey(2004)。

⑪ 回想一下我们在第 3.2.1 节里的讨论,由于报告的应税收入通常会低估真实的收入,希腊银行使用公式来估计真实的营业收入。

⑫ 请注意,从原则上来讲,税务机关资源在税务执行和信息提供之间的分配,可以由公共资金的边际效率成本相等(equalize-the-MECF)原则确定,在第 7

章中对这个问题作出了解释，虽然这一框架不能解决这些政策的横向公平问题。

⑬ 审计率很低或为零，个人收入越高，应税收入调整额相对更高，可能反映了人们对报告营业亏损的申报表的关注。

⑭ 正如前面所讨论的，其他人将此作为威慑不是解释税收遵从重要因素的证据。

⑮ 参见 Alt(1983)，他讨论了行政成本和遵从成本如何影响税收结构的演变。

第Ⅲ部分

最优税收制度

前面两个部分呈现了税制的各部分构成，现在我们探讨税制视角对合理税收政策设计的启迪。我们重新审视一些最优税收问题，并考察将标准最优税收分析用于税制的非标准方面可以获得的见解。

7 一般模型

税收制度的分析必须且能够运用各种各样的税收工具，这些税收工具的范围远超最优税率表和最优税基的选择。本章我们将展示如何将最优税收分析扩展和覆盖到其他税收工具。

7.1 多种税收工具

我们通过构建一个所得税政策的规范模型进行分析，该模型允许同时使用多种税收工具和多种成本。正如第 3.3 节所述，我们称隐匿收入是逃税和避税的简称。这个模型受 Mayshar(1991)的启发，但在很多方面有所不同。代表纳税人选择收入 y，收入中的隐匿数量为 s，可知纳税人的纳税义务是 $T(y, s, \theta)$，$T_y > 0$，$T_s < 0$，$T_{\theta_i} > 0$，θ 是税收工具的 n 维向量，如果 i 是连续的，则 $\theta_i \in [0, \infty]$，如果 i 是二元的，则 $\theta_i \in \{0, 1\}$。当税收工具 i 没用时，$\theta_i = 0$，税收工具 i 没有扭曲或产生税收。纳税人面临隐匿收入的货币成本（这里解释为逃税或避税）$\kappa(y, s, \theta)$，其中 $\kappa_s > 0$。此外，纳税人面临的遵从成本为 $m(\theta)$，其中对于任一 $\theta_i > 0$，固定成本为 f_i^m。在大多数情况下，$\partial m/\partial\theta_i \geqslant 0$，但也有 $\partial m/\partial\theta_i < 0$ 的情况，例如当打击避税增加税收，消减私人从事和伪装复杂交易的动机，从而降低遵从成本。

社会规划者的问题在于，在总预算约束 $T(y, s, \theta) = D(\theta) + G$、税收政

策的行政成本为 $D(\theta)$（包含固定成本 f_i^d）和征得外生的税收收入 G 的情况下，选择 $\{\theta_i\}_{i=1}^n$ 使代表性纳税人效用 $u(c, y)$ 达到最大化。消费的边际效用为正 $u_1 > 0$，而 $u_2 < 0$ 是因为对一定数量的消费来说，通过牺牲休闲（不只如此）增加劳动供给以增加收入是昂贵的。对于持续的税收政策工具 $\partial D/\partial\theta_i$ 通常是正的，但当 $\partial m/\partial\theta_i$ 时却不一定成立。例如，除少数例外情况，管理商品税税基的成本可能要低一些。

对纳税人来讲 $\{\theta_i\}_{i=1}^n$ 已给定，在 $c=y-\kappa(y, s, \theta)-m(\theta)-T(y, s, \theta)$ 的预算约束下，选择 $\{y, s\}$ 以使效用达到最大化。我们假设 $\{y, s\}$ 有内解。

纳税人最优问题的一阶条件（FOC）为

$$[\partial y] \quad u_1[(1-T_y)-\kappa_y]+u_2=0 \tag{7.1}$$

和

$$[\partial s] \quad T_s+\kappa_s=0 \tag{7.2}$$

对于代表纳税人来说，社会函数恰好与纳税人效用函数一致，在这种情况下，社会规划者最大化的拉格朗日函数为：

$$L=v(\theta)+\lambda[T(y(\theta), s(\theta), \theta)-D(\theta)-G] \tag{7.3}$$

这里 $v(\theta)$ 是纳税人的间接效用函数。固定成本部分合并入纳税人的函数 $m(\theta)$ 和税务机构的函数 $D(\theta)$。如果 $\theta_i > 0$ 是连续的，使用包络定理，则不存在角点解的任何税收工具的一阶条件是：

$$[\partial\theta_i]u_1[T_{\theta_i}+\kappa_{\theta_i}+m_{\theta_i}]=\lambda\left[T_y\frac{\partial y}{\partial\theta_i}+T_s\frac{\partial s}{\partial\theta_i}+T_{\theta_i}-D_{\theta_i}\right]\forall i \tag{7.4}$$

$[T_{\theta_i}+\kappa_{\theta_i}+m_{\theta_i}]$ 为代表纳税人的税收工具 θ_i 的边际成本，

$$\left[T_y\frac{\partial y}{\partial\theta_i}+T_s\frac{\partial s}{\partial\theta_i}+T_{\theta_i}-D_{\theta_i}\right]=[T_{\theta_i}-B_{\theta_i}-D_{\theta_i}] \tag{7.5}$$

该式是税收工具 θ_i 产生的边际净（税收）收入。这两项的比率是税收工具 θ_i 的公共资金边际效率成本：

$$MECF(\theta_i)=\frac{T_{\theta_i}+\kappa_{\theta_i}+m_{\theta_i}}{T_{\theta_i}-B_{\theta_i}-D_{\theta_i}}=\frac{1+[(\kappa_{\theta_i}+m_{\theta_i})/T_{\theta_i}]}{1-[(B_{\theta_i}+D_{\theta_i})/T_{\theta_i}]} \tag{7.6}$$

这种表达仅是方程式（2.7）的概括，包含了行政和遵从成本的福利结果。因为是纳税人直接承担成本，所以税收工具 θ_i 的边际增加对纳税人边际遵从成本效应 m_{θ_i} 出现在方程式(7.6)的分子中。相反，税收行政成本是征税后用税收收入支付的，因此出现在方程式(7.6)的分母上。

只要 MECF 随每个税收工具 θ_i 都有微小的增长，对每个连续的税收工具，在最优的 θ^* 处，MECF 有如下形式：

1. 如果 $\theta_i^* = 0$，则 $MECF(\theta_i) \geqslant \lambda/u_1$。

2. 如果 $\theta_i^* > 0$，则 $MECF(\theta_i) = \lambda/u_1$。

情况 1 适用于税收工具 θ_i 不被用作最优税收制度时，因为遵从或管理成本使可变成本或固定成本极为高昂。情况 2 描述了内部最优化。

因此，对于不受角点解影响的税收工具最优选择是：对于所有的税收工具，每美元净所得的边际福利损失相等。所有最优税收问题(忽略再分配目标)都隐含一个特征，它们分析的焦点都在于税率，但是在这里我们分析各种税收工具，从信息提供到增加审计，到扩大税基。从而，自然地将标准最优税收方法一般化到最优税制的分析。

7.2 异质性纳税人

这个模型可以扩展到纳税人能力不同的情况，其中，能力被定义为单位时间的回报或劳动收入产生的负效用：为取得 1 单位商品，能力更强的人产生的负效用更少(因为它需要更少的时间)。模型使用的符号相同，除了以下情况：$u = u(c, y/n)$，其中 n 在不同的纳税人间取值不同，用于捕捉获取收入所产生的负效用。由于不同纳税人赚取收入的能力不同，社会规划者的最大化问题在于如何将个人效用在社会目标函数中加权。基于标准，我们假设一个个人主义的社会福利函数 $W(u_1, u_2, \cdots)$ 是严格递增的凹函数。社会福利函数越凹，社会规划者对公平的偏好程度越强。

基于此，n 型纳税人对于 y 和 s 具有以下一阶条件：

$$[\partial y] \quad nu_1[(1 - T_y) - \kappa_y] + u_2 = 0 \tag{7.7}$$

$$[\partial s] \quad \kappa_s + T_s = 0 \tag{7.8}$$

类型 n 的一个纳税人将选择 $y^* = y(\theta, n)$，$s^* = s(\theta, n)$。

为了简化符号，去掉函数 y 和 s 后面的 (θ, n)，社会规划者最大化问题的拉格朗日函数为

$$L = \int W(v(\theta, n))\mathrm{d}F(n) + \lambda\left[\int T(y, s, \theta)\mathrm{d}F(n) - D(\theta) - G\right] \tag{7.9}$$

其中 $v(\theta, n)$ 是 n 类型纳税人的间接效用。

如果 $\theta_i > 0$ 是连续的，使用包络定理，则不在角点解的各税收工具的一阶条件为：

$$\begin{aligned}
&\int (W'u_1[T_{\theta_i} + \kappa_{\theta_i} + m_{\theta_i}])\mathrm{d}F(n) \\
&= \lambda\int\left(\left[T_{\theta_i} + T_y\frac{\partial y}{\partial\theta_i} + T_s\frac{\partial s}{\partial\theta_i} - D_{\theta_i}\right]\right)\mathrm{d}F(n) \\
&= \lambda\int[T_{\theta_i} - B_{\theta_i}]\mathrm{d}F(n) - \lambda D_{\theta_i}
\end{aligned} \tag{7.10}$$

对等式(7.10)进行重新整理和归一化，得出公共资金边际成本(marginal cost of funds, MCF)的表达式

$$\begin{aligned}
MCF(\theta_i) &= \frac{\left[\int W'u_1[T_{\theta_i} + \kappa_{\theta_i} + m_{\theta_i}]\mathrm{d}F(n)\right]\left[1/(\int W'u_1\mathrm{d}F(n))\right]}{\int[T_{\theta_i} - B_{\theta_i}]\mathrm{d}F(n) - D_{\theta_i}} \\
&= \frac{\int MSWC(\theta_i, n)\mathrm{d}F(n)}{\int MR(\theta_i, n)\mathrm{d}F(n)}
\end{aligned} \tag{7.11}$$

这里 $MSWC(\theta_i, n)$ 是边际社会福利成本，$MR(\theta_i, n)$ 是从 n 类型的一个纳税人和税收工具 θ_i 取得的边际净税收。与 $MECF$ 不同，MCF 考虑在具有异质收入能力的多人经济中，税收工具 θ_i 的分配结果。根据 Feldstein(1972)做法，我们可以将税收工具的 MCF 分解为两个部分：边际效率成本 MECF 和分配部分(distribution component, DC)，其基于社会福利权重将纳税人的成本相加。得

$$\begin{aligned}
MCF(\theta_i) &= \left(\frac{\int[T_{\theta_i} + \kappa_{\theta_i} + m_{\theta_i}]\mathrm{d}F(n)}{\int MR(\theta_i, n)\mathrm{d}F(n)}\right)\left(\frac{\int MSWC(\theta_i, n)\mathrm{d}F(n)}{\int[T_{\theta_i} + \kappa_{\theta_i} + m_{\theta_i}]\mathrm{d}F(n)}\right) \\
&= MECF(\theta_i)DC(\theta_i)
\end{aligned} \tag{7.12}$$

对于最优位置不在角点解的税收工具，社会规划者会选择 θ_i 使所有税收工具的公共资金边际成本(MCF)相等。

7.3 横向公平

横向公平(horizonal equity, HE)表示同等情况同等对待，被认为是任何税收制度的理想特征。虽然这种说法很流行，但不易被纳入正式的最优税收分析。在评估税收改革方案时，Feldstein(1976)定义横向公平(HE)，要求使个人在改革前和改革后都具有相同的效用。与横向公平(HE)相反，我们在第 2 章介绍的社会福利函数描述了纵向公平(vertical equity, VE)的社会偏好，该社会纳税人的福利存在差异(如收入能力)。

横向公平(HE)是一个看起来简单的概念，它掩盖了要提出经济上重要措施的难度。早期主要根据改革前和改革后收入排序的变动来评估税收改革方案。但正如 Kaplow(1989)所指出的那样，对于巨大的收入差距有些政策的效果并不明显：两项改革中，一项改革使改革前相同收入的纳税人在改革后收入存在较大差异，另一项改革在改革前后收入公平状况几乎没有改变，则前一项改革和后一项改革问题一样严重。例如 King(1983)提出的距离敏感方法(distance-sensitive measures)仍然存在问题，因为改革导致相对收入发生巨大变化但没有促进横向公平(HE)，但改革在只使收入排序发生很小变化的情况下会有很高的社会成本。Auerbach 和 Hassett(2002)提出了一个替代的方法：通过加权函数以确定具有相同个体特征的群体，来解决税前公平分类问题。他们的方法在标准税收福利函数之内考虑横向公平(HE)，使改革在横向公平(HE)和纵向公平(VE)两方面都能得到评估，但如果这样做则还需要关注，横向公平(HE)是否要被赋予规范性的意义(除去考虑纵向公平时所包含的含义)。按照这种方法，在不需要过多关注横向公平时，会导致分配不同税收义务的公平的税制改革，不利于纵向公平；在偏好于横向公平的情况下，这种方法又可能会否定增进社会福利的改革。

Auerbach 和 Hassett(2002)的方法，给信息而非个人效用以权重——对改革前后收入分配差异进行比较——该方法会与帕累托原则相冲突，而长期以来帕累托原则被认为是任何福利改进措施的弱必要条件(Kaplow, 2001; Kaplow and Shavell, 2001)。例如,如果对 HE 的关注度足够强,那么能增加每个人的收入但改革前收入相同的人从中受益不同的一项改革,会被认为改革比不改革差。

与基于社会福利的政策评估不同,考虑横向公平会使改革的必要性取决于用于定义公平的初始分配。如果用于评估横向公平的收入分配是由以前对公平有些任意的改革所产生的,几乎可以肯定横向公平的规范意义会被弱化。正如 Kaplow(1989)指出的那样,将评估基于理想而不是改革前的收入分配排除了对现状的依赖,但这完全背离了横向公平的标准解释。

8 标准工具的新成本

在本章中，我们考虑了一些例子，说明如何引入管理成本和遵从成本，来修正和丰富标准税收工具的规范性分析。

8.1 具有遵从成本的商品税

在第 2 章中阐述的经典最优商品税问题的主要观点是，在最优的情况下，所有课税商品的单位美元税收边际超额负担相等。这是第 7 章中提出的一项特殊情况：对于所有税制工具的内解，公共资金（征得税收）的边际效率成本应该相等。假设商品供给具有完全弹性，我们只需要知道自身补偿价格和交叉价格的需求弹性矩阵，来确定相关商品的最优税率，在特殊情况下，所有交叉价格的需求弹性等于零，最优商品税遵循"逆弹性"法则，对需求的价格弹性最小的商品课征最高的税率达到最优状态。

关键的问题是，在这个模型中被征税商品的税基是固定的。然而，由于征收成本（管理成本和遵从成本）可能因商品而有很大差异，所以商品税税基的宽度也是一个重要的现实选择变量。一般来说，商品税税基越宽，对购买决策的扭曲程度越小，但是如果税基宽度附加有额外的征收成本，则最优性要求在减少扭曲消费选择的超额负担和更高的征税成本之间进行权衡取舍。

8.1.1 最优税基

Yitzhaki(1979)的研究模型中采用代表性的消费者和一组商品，这些商品按照单位美元消费支出固定管理成本的递增顺序排列，不征税的项目对税务机关而言没有直接的成本。假设代表性消费者具有柯布—道格拉斯偏好，这极大地简化了每种商品的税率选择，因为这些偏好的同质性和可分性都意味着在对所有的商品适用相等的税率时超额负担最小化。这凸显了税率与税基宽度之间的权衡，并回避了对商品课税的最优征税模式问题——它总是以足够高的统一税率，以征得所需的特定收入。

在形式上，税务机关的问题是在征税收入约束下共同选择统一的商品税率 t 和税基宽度 b，税基宽度被定义为课税商品的支出份额。这就形成了一个普遍存在的税收政策问题——要在多大程度上扩大税基，以宽税基征得的税收保证低税率，或者在这个模型下要多大程度地降低税率。对于零售税而言，是否将服务纳入税基是一个反复出现的问题；服务支出在消费支出中的占比越来越大，但为了对服务征收额外单位的税收，成本可能很高。可以肯定的是，对于某些消费产品的特殊处理，还有其他的理由——真实的和想象的都有——比如外部性或者再分配，但这个模型抓住了政策权衡的本质。

扩大税基也是所得税中一个长期存在的问题，例如取消慈善捐款的扣除，在不减少税收的情况下采用更低税率。虽然我们接下来概述的模型是根据消费税税基的最优宽度来表示的，但是由于我们使用单期模型，并且所有课税货物的税率都是相同的，所以模型可以等效地表示在线性所得税中可以从应税收入中扣除的商品支出份额。允许从应税收入中扣除大部分商品，相当于一个窄的商品税税基。但以这种方式来强调这一点并不总是正确的，正如在 Yitzhaki 模型中那样，扩大税基提高了征收成本：综合所得税税基的征收成本没有例外的话会相对更低。

我们可以将税务机关的最优化问题表示如下：

$$\max_{\{t,\, b\}} v(A,\ \theta,\ p) \quad \text{s.t.} \quad T(\theta) - D(b) \geqslant G \tag{8.1}$$

其中，v 是代表性消费者的间接效用函数，$\theta = \{t,\ b\}$，$i \in [0,\ I]$ 时 $p_i = q_i(1+t)$，$i \in (I,\ 1]$ 时 $p_i = q_i$，q_i 是外生的生产者价格，b 是税基宽度，A

在这里代表外生的收入，其余符号如前所述。因此，商品 $i \leqslant T$ 被征税。代表性消费者满足柯布—道格拉斯效用函数，对货物 i 的支出份额等于 α_i，所以税基的宽度 b 为纳税商品的支出份额的总和，即 $b = \int_0^1 \alpha_i \mathrm{d}i$。注意，为了方便起见，这个模型把商品视为连续变量而不是离散变量，以避免出现对我们讨论的命题并不是很重要的整数问题(integer problems)。

利用柯布—道格拉斯效用函数的性质，可以写出拉格朗日方程如下：

$$L = v^R (1+t)^{-b} + \lambda \left[bA\left(\frac{t}{1+t}\right) - D(b) - G \right] \tag{8.2}$$

其中，v^R 是在不征商品税情况下代表性消费者的间接效用函数。① 假设 $D(b)$是平滑的递增函数，相关的一阶条件为

$$[\partial t] \quad v^R (1+t)^{-b} - \lambda \left(\frac{A}{1+t}\right) = 0 \tag{8.3}$$

和

$$[\partial b] \quad -(1+t)^{-b} v^R \log(1+t) + \lambda \left[A\left(\frac{t}{1+t}\right) - D'(b) \right] = 0 \tag{8.4}$$

结合这些条件，可以得出一个描述税率和征税广度最优组合的表达式：

$$\frac{t - \log(1+t)}{1+t} = \frac{D'(b)}{A} \tag{8.5}$$

狭窄的税基会造成相对较大的超额负担，但管理成本较低；而宽税基造成的额外负担较小，但需要更多的资源来管理。与拉姆齐税收问题不同，一次性总付税是该模型的特例，与综合税基相对应，此时 $b = 1$。尽管一次性纳税不会扭曲消费者购买决策，但只有在其管理成本低于征得相同收入的窄税基税收的综合效率和管理成本的情况下，一次总付税才是最优的选择。此外，一次性征税可以直接作用于人，而不是通过对所有商品征税。正如我们在第 7 章中所讨论的，无论是通过更广的税基征税[等式(8.5)的右侧]还通过更高的商品税率[等式(8.5)的左侧]，在最优选择下公共资金的边际效率成本(MECF)必须相等。如上所述，管理成本平滑递增的假设忽略了一些现实世界中的重要现实。例如，在某些情况下，对所有商品征税的成本都是较低的，仅一种情况除外，正如我们在第 4 章所讨论的，在管理成本不连续

的情况下，商品征税的最优方式不再随着所征收入而平滑变化。

从这一模型得出的直接认识，在将柯布—道格拉斯效用函数的假设放松到更加灵活的常数替代弹性形式时依然存在。在这种情况下，Wilson(1989)发现，纳税和免税商品之间的替代弹性更高，最优税基的征税范围最广。直观看来，纳税和免税商品之间的高替代弹性增加了差别课税的超额负担，这是因为消费者可以很容易地转向消费免税商品，因此宽的商品税税基对社会规划者更具价值。

8.1.2 最优商品税的实施

在刚刚概述的模型中，发生管理成本时税收遵从是完美的。当然，现实中有些纳税人找到了逃税的方法，包括商品税。税务机构也许能够以一定的成本来提高遵从度，但是接下来的执法力度和税率选择的最优组合是什么呢？这是税收政策中另一个普遍存在的问题，这可用最优税制理论(theory of optimal tax systems)来解释，因为它引起了诸如税率一类的标准工具和征收变量之间的选择。

与前一部分分析的模型不同的是，现在我们有一组固定的征税商品，但是消费者逃税的份额由税务机关以一定的成本控制。可以通过高税率对小部分人征税取得收入，或者通过花费管理成本来监督更多的购买者，以低税率对大部分人征税获取收入。最初，似乎更高的税率总是优于执法工作，因为一般来说，除了增加对逃税的处罚外，加强税收征管执法还会有直接的行政成本，而更高的法定税率则没有。然而，正如Kaplow(1990)所解释的那样，这个逻辑很可能是错误的：因为对于那些遵从税法的纳税人而言，税收的超额负担在税率上是凸性的，不影响收入的加大执法力度和降低法定税率可能会减少整个税制的超额负担。在第8.1.1节的模型中，另一个例子表明，更广泛的税基也许会付出代价，但可以降低税率，同时减少扭曲。这里的税基宽度指的是覆盖纳税人的比例，而在第8.1.1节中的税基宽度指所涵盖商品的比例。②

我们可以将这种直观现象形式化为基于Kaplow(1990)的包含三种商品的商品税模型，其中征得的税收收入为外生的政府购买G提供资金。纳税人的$(1-a)$的部分是无成本的，可以设定，第一种商品逃税，但第二种商品是完全遵从的，而劳动力供给是免税的。③ 政府选择每种商品的税率，第一种商品的遵从度随着监督投入的增加 φ 而提升，政府选择的税制政策向量可以概括为 $\theta=\{t_1, t_2, \varphi\}$。所有的消费者都有拟线性和可分的效用函数，通过消除对课税商品的消费者需求的收入效应和交叉价格替代效应来简化问题。每个纳税人在形式上都具有同形的效用函数

$$U=\sum_{i=1}^{2}u_i(x_i)-\frac{y}{n} \tag{8.6}$$

其中，u_i 的效用是来自商品 x_i 的消费，y 是收入，产生收入的能力/负效应用参数 n 表示。纳税人选择 x_1，x_2 和 y 来表示效用最大化，遵从税收的纳税人的预算约束为

$$y=\sum_{i=1}^{2}(q_i+t_i)x_i \tag{8.7}$$

不遵从税收的纳税人预算预算为

$$y=q_1x_1+(q_2+t_2)x_2 \tag{8.8}$$

其中，q_i 是商品 i 外生的生产者价格，t_i 是遵从税收的纳税人所面对的商品 i 的税率。因为第二种商品的遵从度是完全的，因此两种类型的纳税人都要面对税率 t_2，但是只有 α 部分的纳税人在第一类商品上面对税率 t_1，而不遵从税法的纳税人以不含税价格购买此商品。在非遵从税法的纳税人相关变量上面标注波浪号，在遵从税法的纳税人相关变量上不标注波浪号，注意作为拟线性和可分效用的结果 $x_2=\tilde{x}_2$。除去管理成本的净收入增加额等于：

$$R(\theta)-D(\theta)=\alpha(\varphi)x_1t_1+x_2t_2-D(\theta) \tag{8.9}$$

其中，φ 是税务机关为监督有逃税的第一种商品购买所投入的资源。D 表示管理成本，且 $\partial D/\partial\varphi>0$，有 $\alpha'>0$，$\alpha''<0$。为简单起见，假设有功利的社会福利函数，社会规划者最大化问题的拉格朗日方程为：

$$L=\alpha(\varphi)v+(1-\alpha(\varphi))\tilde{v}+\lambda[\alpha(\varphi)x_1t_1+x_2t_2-D(\theta)-G] \tag{8.10}$$

其中，v 代表了遵从税法者的间接效用，$\tilde{v}$ 代表了非遵从税法的逃税者的效用，λ 是公共资金(税收)的社会边际成本。由于消费者的偏好是拟线性和可

分的，并且假定存在内解，对于社会规划者的税率和征管选择的一阶条件可以简化为

$$[\partial t_1] \quad \frac{\partial v}{\partial t_1}+\lambda\left[x_1+t_1\frac{\partial x_1}{\partial t_1}-\frac{1}{\alpha(\varphi)}\frac{\partial D}{\partial t_1}\right]=0 \tag{8.11}$$

$$[\partial t_2] \quad \frac{\partial v}{\partial t_2}+\lambda\left[x_2+t_2\frac{\partial x_2}{\partial t_2}-\frac{\partial D}{\partial t_2}\right]=0 \tag{8.12}$$

$$[\partial \varphi] \quad x_1 t_1-\left(\frac{\widetilde{v}-v}{\lambda}\right)=\frac{1}{\alpha'(\varphi)}\frac{\partial D}{\partial \varphi'} \tag{8.13}$$

其中，等式(8.12)利用了 $\partial v/\partial t_2=\partial\widetilde{v}/\partial t_2$ 的事实。对于第一种商品来说，不完全遵从度会减少任何一对税率 t_1 和 t_2 可征得的税收数量，因此会需要比在完全遵从的情况更高的税率。但是，如果不进一步限制消费者的需求函数和管理成本函数 D，最优税率就不需要统一，这与 Yitzhaki(1979)所分析的模型形成了鲜明的对比。Yitzhaki(1979)研究中税率是统一的，这是由设定的柯布—道格拉斯消费者偏好所带来的结果。

这里特别有趣的是由式(8.13)表示的社会规划者的最优执法选择。监管第一种商品的额外购买者所产生的管理成本，可以在保持征得的净收入不变的情况下，降低扭曲税率 t_1 和 t_2。但是，在第一种商品上的额外消费者征税，会扭曲他们对商品的消费来从而降低他们的福利。这些效应由等式(8.13)的左边所示：$x_1 t_1$ 是从观测到的第一种商品的额外购买所征得的收入，$(\widetilde{v}-v)/\lambda$ 是对第一种商品征税给消费者带来的以美元计的效用损失。假设存在一个关于遵从支出的内解，这些项的合计为正，并且在最优情况下，等于观测到的额外消费者购买的边际成本，如式(8.13)的右边所示。

注意，最优执行水平低于收入最大化水平，正如我们在下一节所解释的那样，一般而言是正确的。对于这里的特殊情况，可以看到这个一般结果，即在最优的 $(\widetilde{v}-v)>0$ 情况下，一个追求税收收入最大化而不是福利最大化的规划者，将会选择高于社会最优水平的执法力度。追求税收收入最大化者在边际上没有增加净税收，因为在执法上花费的边际美元支出只产生1美元的税收。但是，边际社会成本大于1美元：税收收入最大化者忽略了纳税人的收入损失和为征管执法提供资金的税收的效率成本。

8.2 最优所得税的实施

8.2.1 税收征管机构的最优规模

政府应该在税务执法方面投入多少资源？直观上讲，没有必要投入至完全消除逃税，就像在每一个街角都安排一个警察来根除街头犯罪是毫无意义的一样。我们需要区分经济上可避免的逃税，就像从全球石油总量中区分可采石油储量一样。

由于一个税务机构的产出，包括通过直接征收和威慑获得的额外税收，是以美元计价的，原则上是可以衡量的，一些人试图对税收执法的最优范围提出一个简单的规则：净收益最大化。我们常常听闻增加 IRS 的审计预算是合适的，特别是从 IRS 委员会寻求更高的预算拨款和某些年份的公共财政教科书来看，因为这会增加净收入，同时隐含的假设是在最优时审计的边际收益与通过额外审计获得收入的边际成本相等。但是，正如 Slemrod 和 Yitzhaki(1987)所提出的，这种明显的直观论点会导致社会的过度执法，因为它忽略了一个事实，即征税消耗实际资源其实仅用来实施家庭和政府之间的资金转移；因此，隐含的最优性条件是将不相干的事物进行比较。

为了使这一直观感受形式化，回顾第 2 章，对于一个具有内部最优解的任意税收工具 θ_i 而言，对于代表性纳税人，社会规划者最大化的一阶条件满足：

$$[\partial\theta_i] \quad \frac{\partial v(\theta, A)}{\partial\theta_I} + \lambda[R_{\theta_i} - D_{\theta_i}] = 0 \tag{8.14}$$

其中，拉格朗日乘数 λ 等于公共资金（税收）的社会边际效用成本。这种模型的工具集为 $\theta = \{t, p, F\}$，其中 t 为劳动收入的税率，p 为稽查概率，$F \equiv 1 + \tilde{\pi}$ 为少报税收的总罚款比例。因此，由式(8.14)可得最优劳动所得税税率 t 和稽查概率的选择 p 的表达式如下：

$$[\partial t] \quad \frac{\partial v(t, p, F, A)}{\partial t} = -\lambda[R_t - D_t] \tag{8.15}$$

$$[\partial p] \quad \frac{\partial v(t, p, F, A)}{\partial p} = -\lambda[R_p - D_p] \tag{8.16}$$

如第 5 章所述，稽查概率增加的纳税人的效用成本并不等于预期的机械负担，因为稽查概率的变化会影响纳税人逃税的风险承担成本。为了进一步了解，首先要注意这个税制的超额负担是：

$$EB = v(0,\ p',\ F',\ A-G) - v(t,\ p,\ F,\ A) \tag{8.17}$$

在这个表达式中，$v(0,\ p',\ F',\ A-G)$ 是通过一次总付税征收入 G 美元税收的效用函数，其中用以阻止逃税的税收执法参数为 p' 和 F'。表达式 $v(t,\ p,\ F,\ A)$ 是在 $pF<1$ 时的劳动所得税制下的效用函数，因此，对逃税的罚款率并足够不大，还不足以在可行的稽查率下阻止逃税。比例劳动所得税引起的扭曲和逃税（因为税收缴纳存在博弈、具有不确定性）产生超额负担。保持征得的收入 R，在常数 G 的水平，可得出边际超额负担的表达式：

$$\begin{aligned}\frac{\partial EB}{\partial p} &= -\frac{\partial v(t,\ p,\ F,\ A)}{\partial p} - \frac{\partial v(t,\ p,\ F,\ A)}{\partial t}\frac{\partial t}{\partial p}\bigg|_{R=G} \\ &= -\frac{\partial v(t,\ p,\ F,\ A)}{\partial p} + \frac{\partial v(t,\ p,\ F,\ A)}{\partial t}\frac{R_p}{R_t} \\ &= -\frac{\partial v(t,\ p,\ F,\ A)}{\partial p} - \lambda R_p \end{aligned} \tag{8.18}$$

其中最后一个等式利用了式(8.15)。为简单起见，我们假设 $D_t=0$，即通过提高税率，不会产生与征收额外收入的税相关的管理成本。将式(8.16)代入式(8.18)，得出最优执法水平的直观表达式：

$$-\frac{\partial EB}{\partial p} = \lambda D_p \tag{8.19}$$

等式(8.19)认为，最优稽查概率是这样设定的，即进行稽查的边际社会成本 λD_p，等于代表性纳税人超额负担的边际减少额。利用式(8.16)，我们可以看到，正如 IRS 和某些教科书的建议，将边际稽查收入等同于边际管理成本，总是会导致社会过度的执法水平；$-(\partial v/\partial p)/\lambda$ 这一表达式衡量的是通过更严格的执法来提高收入而产生的边际社会成本，这必然是正的，意味着在最优情况下，$R_p>D_p$。直观来看，基于收入最大化设定 $R_p=D_p$ 时，并没有提高净收入，而仅是从纳税人那里获得了整整 1 美元。花 1 美元的管理成本从纳税人那里拿走1美元永远不会是最优的选择。

这个推理思路强调，在其他条件不变的情况下，逃税的超额负担增加了纳税义务的风险，这显然与Stiglitz(1982)和Weiss(1976)发现的惊人结果不同，他们认为即使纳税人是风险厌恶的，在纳税义务中引入某些随机变量可能也是一种最优的选择。Weiss(1976)指出当引入随机性时，关于消费的边际效用的二阶导数(即效用的三阶导数)是一个比较大的正数。直观来看，通过将随机性纳入事后的纳税义务而给纳税人带来的额外风险成本，也许可以通过增加劳动力供给来弥补(如果 $u_{ccc}>0$)，从而减少非一次总付税的所得税的无谓成本。然而，Yitzhaki(1987)指出Weiss(1976)所研究的特殊情况的最优在拉弗曲线的右侧(即税率的增加会减少税收)，使得纳税义务的任何减少都成为社会最优。Baldry(1979)和Pencavel(1979)研究认为要从这样一个模型中得出任何一个明确的比较静态分析的结论都是困难的，申报收入对于税率、处罚和罚款的变化的反应变得模糊不清(参见第3.1.2节的讨论)。因此，Stiglitz(1982)和Weiss(1976)得出的强有力的结论源于非常严格的设定。

尽管进行稽查会消耗实际资源，但是来自对查获的逃税者的处罚收入代表了纳税人之间的资源转移，这显然是通过高惩罚率而不是广泛的稽查覆盖范围来阻止逃税[参见Becker(1968)]。即使稽查查获的概率很小，A-S模型预测，如果惩罚率设定得足够高，使逃税的预期收益值为负，那么所有逃税都会被阻止。因为在平衡时是没有逃税的，因此这一政策被形容为“零概率抓获”。这种政策的普遍反对意见是这种做法违反了“以罪定刑”的要求，隐含着要采取低罚款率和大范围的稽查，尽管Becker(1968)认为这不是一个有用的政策指导，因为它忽略了执法的成本。Polinsky和Shavell(2000；2007)对法律和经济学的大量文献进行了研究，探讨了这一逻辑，并详细阐述了这种明显政策意义的例外情况。

意外逃税的可能性为非最大化惩罚提供了一个理由，这是Boadway和Sato(2000)在模型研究中得到的启示，在这个模型中，高收入纳税人的真实应税收入具有不确定性。在他们的模型中，对审计发现诚实申报的低收入纳税人提供奖励，以最优的稽查和惩罚方案来消除所有的故意逃税。即使税务机关知道所有发现的逃税都不是故意的，它也必须对发现的逃税行为进行惩罚，以阻止故意逃税。关键是在只有非故意逃税者被罚款惩罚的情况下，最大化不再是最优方案了。除了消耗实际资源，提高稽查概率也增加了非故意逃税者受到惩罚的可能性，尽管在再分配偏好下，这一成本会因诚实报告的低收入纳税人获得奖励的概率提高而部分抵消。一个重要的因素是税务机关有能力惩罚被发现的逃税者：如果税务机关不能对无辜的逃税者处以罚款，那么想从高收入者那里征收更多的税就不再可能了。在实践中，税务机关拥有惩罚无辜逃税者的能力越大，罚款率可能会越低。类似的结论可以从另一模型得出，该模型中纳税人的真实应税收入没有不确定性，但税务机关的管理失误错误地将一些真正的低收入纳税人认定为高收入者。

8.2.2 最优稽查规则

在前一节中，我们研究了一个经济体中的最优稽查概率，这个经济体拥有大量的相同的个体，他们赚取和误报同等收入。我们现在要问，当纳税人的真实和报告的收入水平不同，税务机构收到的唯一信息是申报收入时，税务机构应该对谁进行稽查。Sanchez 和 Sobel(1993)给出了一个预期收入最大化的税务机构的解答，该税务机构具有固定的预算，不控制税收功能。他们表明，在一个具有风险中性的纳税人、固定的劳动力供给、连续的真实收入分配，以及外生地有限的逃税惩罚的世界里，最优稽查规则要求随机审计申报收入低于某个临界值的纳税人。将稽查概率设置得足够高，使所有收入低于临界值的纳税人都会选择如实申报。了解稽查规则的形式，真实收入超过临界值的纳税人申报的收入却只是略超过临界值，从来不被稽查。④

显然，这种类型的稽查规则具有时间不一致性。⑤知道那些收入低于临界值的申报是如实的，这样一旦收到申报，税务机关就有动机只去审核那些在临界值附近的不实申报。Melumad 和 Mookherjee(1989)提出，可以通过委托独立机构遵循事前最优稽查政策来解决承诺问题(commitment problem)。或者，在模型中引入一些在所有收入水平都如实申报的纳税人(无论稽查政策如何，也不论其自身利益)，这也许可以减轻税务机关的承诺问题[参见 Graetz et al., 1986]。

当然，税务机关从申报收入中得到的信息，还可以用来制定更复杂的稽查规则。例如，Scotchmer(1987)假设纳税人根据税务机构所知的特征(如职业)被分配到不同的稽查类别。在任何一个稽查类别中，相似的临界值政策都是最优的，但由于低收入纳税人在任何类别中被稽查的频率都相对高于高收入人群，因此，稽查后的收入分配的累退性更高。

Bigio和Zilberman(2011)认为，除了申报收入外，税务机构还可以根据自雇创业者的员工数量来制定自己的稽查策略。与自雇职业者的申报收入不同，工资和薪金收入是准确报告的，因为雇员和雇主都要向税务机关报告信息，而他们串通起来逃税是很难维持的。在他们的模型中，创业者的管理能力有所不同，但是由于一个企业的雇员数量被认为是税务机关可得到的无成本信息，所以税务机关可以估计企业的真实经营收入。

当稽查政策完全基于企业家的雇员数量时，最优政策要求对那些报告略高于某个就业数临界值的企业家进行随机稽查。与仅基于收入报告的稽查政策相比，大公司报告相对真实，小企业没有申报收入，也未经稽查，而就业数接近稽查临界值水平的企业利用低效的员工雇佣量来避免稽查，以逃避税收。这一政策内生的特征与经验规律相一致：由小公司组成的非正规部门不受稽查，是公司规模中的"缺失夹层"。该模型由Dharmapala等人(2011)提出，在第11章中讨论过，内生地产生一个类似的企业规模分布，但在他们的模型中，免除小企业的税收是最优的，因为把小企业纳入税基不能够保证相关的管理成本；相比之下，在Bigio和Zilberman(2011)模型中，小企业被免税是因为稽查成本高昂。

将收入报告和员工信息两种同时纳入分析，描述最优稽查策略是很复杂的，除非假设税务机关以一个固定概率对企业家进行稽查，或者根本不具有符合现实世界的稽查政策特征。员工数量的观察值被用来估算收入，而受限于随机稽查，企业家申报的收入会低于估算水平。

文献中没有讨论的一个政策问题是，税务机构应如何确定审计规则。在Sanchez和Sobel(1993)传统的模型中，稽查截止日期是公开宣布的(尽管不可信)。[6]在实践中，稽查概率的确定是一个严格保守的秘密，正如美国的判别公式(DIF)，它是从申报项目中导出的标量，除其他因素外，这也会影响稽查概率。是否公布，以及在什么情况下公布，这对公布实施稽查的原因都是有意义的，而这些都没有过严格的分析，这是一个值得进一步分析的问题。

另外一个重要的研究问题是确定可靠的最优稽查规则所具有的特征。

8.3 异质性避税行为的再分配效应

到目前为止,我们假定纳税人避免所得税的倾向和机会是相同的,或者只与真实收入相关。在这种情况下,最优累进率的影响与真实的行为反应没有什么不同,除了前者往往是内生的。在现实中,有的纳税人认为追求法律上的"漏洞"是不道德的,而有的则把通过所有合法手段使纳税最小化视为常识。逃税机会也因就业状况而大不相同,工薪阶层较之在收入的形式和时间上有很大自由的自雇者,可能没有多少避税机会。这种异质性的含义是什么?

为了研究这个问题,我们考虑 Kopczuk(2001)的模型,该模型将异质避税行为引入另一个标准的线性所得税问题,研究了逃税行为作为再分配手段的可取性,以及它对税制最优累进性的影响。Kopczuk(2001)对标准模型设定进行了补充,允许纳税人在两个不可观察的维度上有所不同:他们的工作负效用和所得税避税成本。纳税人的间接效用取决于其对工作 n 的负效应;纳税人的避税成本 ϕ,避税行为水平越低。其对应的避税成本 ϕ 值越高;线性所得税率和全民补助由社会规划者选择,即 $\theta=\{t, A\}$。也就是说,$v=v(n, \phi, t, A)$。社会规划者最大化问题的拉格朗日方程是:

$$L=\int[v(n, \phi, t, A)+\lambda(T(y, s, \theta)-G)]\mathrm{d}F(n, \phi) \tag{8.20}$$

其中,$F(n, \phi)$ 是纳税人工作负效用的联合累积分布函数(cdf),纳税人的避税成本为 $T(y, s, \theta)=t(y-s)-A$,为简单起见,假定社会福利函数为功利主义社会福利函数。其余符号如前所述。社会规划者选择的一阶条件(FOC)是:

$$[\partial A] \quad \int \frac{\partial v}{\partial A}+\lambda\left(t\frac{\partial z}{\partial A}-1\right)\mathrm{d}F(n, \phi)=0 \tag{8.21}$$

和

$$[\partial t] \quad \int \frac{\partial v}{\partial t}+\lambda\left(z+t\frac{\partial z}{\partial t}\right)\mathrm{d}F(n, \phi)=0 \tag{8.22}$$

其中，$z= y-s$ 是应税收入。利用斯勒茨基公式(Slutsky formula)、罗伊恒等式(Roy's identity)，结合两个一阶条件，可给出了最优税率 t 的表达式：

$$t=\frac{\int z(b-1)\mathrm{d}F(n,\ \phi)}{\int(\partial z^c/\partial t)\mathrm{d}F(n,\ \phi)} \tag{8.23}$$

其中，$b\equiv[(\partial v/\partial A)/\lambda]+t(\partial z/\partial A)$ 是具有 $(n,\ \phi)$ 特征的个人的收入社会边际价值，z^c 是补偿应税收入(compensated taxable income)。这个公式与 Atkinson 和 Stiglitz(1980)所示的最优线性所得税率非常相似，如式(2.20)所示，唯一的区别在于是否明确认识到纳税人逃税成本的异质性。让 x^n 代表给定工作负效应参数 n 下一变量 x 的均值，Kopczuk(2001)指出式(8.23)右边的分子可以重新表示为：

$$\begin{aligned}
&\int z(b-1)\mathrm{d}F(n,\ \phi)\\
&=\iint z(b-b^n+b^n-1)\mathrm{d}F(\phi\mid n)\mathrm{d}F(n)\\
&=\iint z(b-b^n)\mathrm{d}F(\phi\mid n)\mathrm{d}F(n)+\int\Big((b^n-1)\int z\mathrm{d}F(\phi\mid n)\mathrm{d}F(n)\Big)\\
&=\iint z(b-b^n)\mathrm{d}F(\phi\mid n)\mathrm{d}F(n)+\int z^n(b^n-1)\mathrm{d}F(n)
\end{aligned} \tag{8.24}$$

类似地，分母可以重新表示为

$$\int\frac{\partial z^c}{\partial t}\mathrm{d}F(n,\ \phi)=\int\left(\frac{\partial z^c}{\partial t}\right)^n\mathrm{d}F(n) \tag{8.25}$$

因此，通过替换，最优边际税率现在可以写成

$$\begin{aligned}
t&=\frac{\int z^n(b^n-1)\mathrm{d}F(n)}{\int(\partial z^c/\partial t)^n\mathrm{d}F(n)}+\frac{\iint z(b-b^n)\mathrm{d}F(\phi\mid n)\mathrm{d}F(n)}{\int(\partial z^c/\partial t)\mathrm{d}F(n,\ \phi)}\\
&=t^*+\frac{\int\mathrm{cov}(z,\ b\mid n)\mathrm{d}F(n)}{\int(\partial z^c/\partial t)\mathrm{d}F(n,\ \phi)}
\end{aligned} \tag{8.26}$$

当忽略具有相同工作负效用的人之间逃税行为差异时，t^* 是最优边际

税率，也就是说，除了一个重要的区别之外，它等价于等式(2.20)。限制累进性的行为反应不仅仅要考虑工资收入，还要考虑应税收入。正如第5章所讨论的，这反映了提高税率的边际超额负担。

第二项捕捉到具有相同工作负效用的人的避税行为异质性对最优累进率的影响。在条件 n 下，如果纳税人的应税收入越高，其收入的社会边际效用越低，即 $\mathrm{cov}(z, b \mid n) < 0$，那么，标准假设为分母 $\int (\partial z^c / \partial t) \mathrm{d}F(n, \phi)$ 为负，当我们不考虑逃税行为的横向差异时，最优累进率提高。直观来看，当 $\mathrm{cov}(z, b \mid n) < 0$ 时，在任何给定的能力水平 n 下，社会福利函数会赋予应税收入更高的人更低的权重，从而增加了对累进税的需求。如果 $\mathrm{cov}(z, b \mid n) > 0$，则相反。因此，确定因忽略避税成本的横向差异造成了多少偏差是一个经验问题。Kopczuk(2001)认为，纳税人避税成本的差异是对避税行为异质性最有说服力的解释，因此，在这个合理的假设下，低应税收入可能预示着低避税成本或者低的能力。因为在后一种情况下再分配是唯一可取的，因而在这些假设下，应税收入作为个人福利的指标，在存在避税情况下其信息量是不足的。这表明 $\mathrm{cov}(z, b \mid n) > 0$，意味着忽略避税行为异质性的标准最优税率(以及最优累进程度)被高估。

那么避税行为的异质性如何影响其可取性呢？在避税行为不存在异质性的情况下，任何在避税情况下可以实现的收入分配，也可以通过单独使用非线性税收来实现，但没有高昂的避税产生的社会浪费，因此，如果能放松社会规划者面临的标准激励相容约束(incentive compatibility constraints)，避税也许能改善福利。⑦ 如果社会规划者希望得到重新分配的人更易获得避税机会，则可能出现这样的情况，因避税造成的收入损失低于额外再分配的收益。正如 Kopczuk (2001)解释的那样，这一结果与 Akerlof(1978)的研究密切相关，后者表明，考虑使应税收入为额外的非税收工具的函数，可以更精确地指向纳税人行为的不可观察方面。⑧

注 释

① 消费者具有柯布—道格拉斯(Cobb-Douglas)偏好形式，$u(c) =$

$\exp\left(\int_0^1 \alpha_i \log(c_i)\mathrm{d}i\right)$，且有 $\int_0^1 \alpha_i \mathrm{d}i = 1$，因而对商品集 $i \in [0, I]$，征收税率为 t，消费总支出份额为 b，则产生的税收收入等于 $bA\left(\frac{t}{1+t}\right)$。为说明这一点，首先需注意的是，每个应税商品的消费者需求为 $c_i = \frac{\alpha_i A}{q_i(1+t)}$。从每种商品征得的税收收入为 tq_ic_i，因此征得的总税收收入为 $R = A\left(\frac{t}{1+t}\right)\int_0^1 \alpha_i \mathrm{d}i = bA\left(\frac{t}{1+t}\right)$。

② 正如 Louis Kaplow 所建议的，在一些情况下两种方法都可以使用。例如，考虑这样的情况，一个纳税人从遵从税法的商店购买商品，另外的纳税人从只收取现金的不遵从税法的商店购买商品。那么，如果这两类商店总体上销售不同的商品，成功地对更多商店征税将扩大纳税人税基和商品税基。

③ 需要注意的是，在这个模型中对劳动征税等价于对两类商品全面征收等比例的税收。

④ Cremer 和 Gahvari(1994)基于一个存在两类纳税人和一个内生的劳动供给的模型，得出类似的结论。

⑤ Louis Kaplow 指出，这个模型的时间不一致性不是唯一的问题，同时模型的执法策略也很少见。

⑥ 也可参见 Border 和 Sobel(1987)与 Mookherjee 和 Png(1989)。

⑦ 这一结果依赖的假设为纳税人的避税行为不会透露有关技能的信息。

⑧ 见 Sandmo(1993)的模型，模型中人们的工作偏好存在差异，而避税行为不存在差异。

9 内生弹性

9.1 最优弹性

正如我们在第 5 章中所指出的，关于税率的行为反应的弹性是现代税收分析的核心概念。税基的（补偿）弹性越高，从这个税基上征收的每美元的边际超额负担就越高。其他条件相同时，边际超额负担越高，给定税基的最优税率越低。

在大多数情况下，我们可以确认行为弹性不需要在所关心的参数范围内保持不变，并且可暂不考虑，因为这一特点不影响研究的洞察力。[①] 此外，经济主体可以采取行动，影响税率变化或其他税制工具的反应弹性。例如，跨国公司可以将生产设施放在许多国家以对一国税收政策作出反应，个人可以通过珠宝、瑞士银行和人力资本等将财富以流动形式配置，同样对一国税收作出反应。

关于税率的行为弹性对其他税制参数的依赖是一个严重的实质性问题。为此，首先考虑最优累进性税收的标准模型，即社会规划者假设应税收入的弹性是一个结构性的偏好参数（在许多模型中，这相当于劳动供给弹性），选择税收函数来最大化社会福利。关注焦点从第 2 章的劳动供给到第 5 章的应税收入，这一转变是非常重要的，因为政策制定者控制下的税制的非税率因素，如税基的宽度、隐匿的机会和征管力度，都可能会影响税率弹性。

回想一下，重点关注应税收入及其弹性而不是仅仅关注劳动力供给的动机性例子，有一种观点认为，更高的税率可能仅会轻微减少劳动力供给，但是还可能会导致将收入大幅转移到低效的免税附加福利项目、避税地，等等。但是，税收政策也可以通过削减免税活动，限制避税地等方式直接解决这些问题，从而大大降低应税收入弹性（ETI），这反过来可以提高税收最优累进性。

我们可以分析研究这个问题。然而我们通常假定劳动力供给的弹性是个人关于休闲与消费偏好的不可改变的结果，Slemrod 和 Kopczuk（2002）修改了标准的问题——通过允许社会规划者控制税制工具来影响应税收入关于税率的弹性，尽管存在资源成本。Slemrod 和 Kopczuk（2002）提出了一个很有启发性的例子，社会规划者通过选择可以减免税的商品来控制应税收入的弹性，如 Yitzhaki（1979）和 Wilson（1989），在单期模型中这相当于选择了哪些商品要征税。这将我们在第 8 章讨论的商品税基最优范围很好地联系了起来。②

在 Slemrod 和 Kopczuk（2002）的模型中，消费者对于连续商品具有柯布—道格拉斯效用函数，即

$$u(c) = \exp\left(\int_0^1 \alpha_i \log(c_i) \mathrm{d}i\right) \tag{9.1}$$

其中，α_i 是消费者对每种商品的支出份额。税制工具的向量为 $\theta = \{t, A, I\}$，这里 t 是线性所得税率，A 是全民补助，商品 $i \in [0, I]$ 取值受到税收的影响，当 $I = 1$ 时相当于完全综合税基。当税基包含商品 $i \in [0, I]$ 时，纳税商品的支出份额，也就是我们认为的税基，是

$$b(I) = \int_0^I \alpha_i \mathrm{d}i \tag{9.2}$$

假设纳税人每单位劳动力供给是无弹性地，则纳税人的收入获取能力 n 面临的预算约束如下：

$$\int_0^1 c_i \mathrm{d}i = n + A - t z_n \tag{9.3}$$

其中税前价格已经统一正规化，并有应税收入 z_n 等于

$$\left(n+A-\int_I^1 c_i \mathrm{d}i\right) \tag{9.4}$$

这里,最后一项是指可减免税支出。纳入应税收入的全民补助 A 对分析而言并不重要,只是稍微简化了分析。因为根据柯布—道格拉斯效用函数假设,所有商品的需求收入弹性是一样的,所有消费者选择的消费束与他们的收入成比例:

$$c_i=\begin{cases}(1-t)\alpha_i(n+A), & i\leqslant I\\ \alpha_i(n+A), & i>I\end{cases} \tag{9.5}$$

因此,类型 n 纳税人具有间接效用函数

$$v(n,\ t,\ A,\ b)=(n+A)(1-t)^b \tag{9.6}$$

其可乘的常数被正规化为 1。参考等式(8.2),结合 $(1-t)^b\simeq(1+t)^{-b}$,我们可以看到,无论我们是改变应税收入中可扣减商品的份额,还是改变适用固定消费税率的商品份额,纳税人的间接效用都是以同样的方式变化(但是方向相反)。③

显然,该模型中应税收入关于净税率的补偿弹性可以简化为完全等于 $(1-b)$:税基越宽,其弹性就越低。这是一种直观感觉,因为在税率上涨时,可以替代的不征税商品几乎没有。正如 Yitzhaki(1979)和 Wilson(1989)所指出的,更广泛的税基降低了税收的超额负担,但这被认为是增加了管理成本。对于任何给定的税基规模 b,假定将最小化管理成本的商品包含在税基中,使得管理成本 $D(b)$ 在最优税收政策附近是一个平滑的递增函数。

现在,给定一个外生的能力分布函数 $F(n)$ 和总预算约束,考虑哪个税收政策 θ 能最大化社会福利函数 W。这个问题的拉格朗日方程是

$$L=\int(W(v(n,\ t,\ A,\ b))+\lambda[bt(n+A)-A-D(b)-G])\mathrm{d}F(n) \tag{9.7}$$

相关的一阶条件(FOC)为:

$$[\partial A]\quad \int(W'(1-T)^b+\lambda[bt-1])\mathrm{d}F(n)=0 \tag{9.8}$$

$$[\partial t]\quad \int(-W'b(n+A)(1-t)^{b-1}+\lambda b(n+A))\mathrm{d}F(n)=0 \tag{9.9}$$

$$[\partial b] \quad \int (W'(n+A)(1-t)^b \ln(1-t) + \lambda[t(n+A) - D'(b)])\,\mathrm{d}F(n) = 0 \tag{9.10}$$

注意，选择 b 就等于选择了 I。(A, t) 的一阶条件确定了最优税收政策，保持税基范围固定，就像在 Mirrlees(1971) 的研究中那样税基是固定的。在每个 b 中求解最优政策，在 (X, b) 空间中会产生一个向上倾斜的“莫里斯曲线”(Mirrlees Curve)，其中 $X \equiv tb\int(n+A)\,\mathrm{d}F(n)$ 是从扭曲的所得税征得的收入额（见图 9.1）。因为这个模型中应税收入的弹性在税基范围内降低，其他条件不变时，更广泛的税基意味着一个累进程度更高的税制是最优的，从扭曲性税收所征得的收入额可作为累进性的充分统计量。

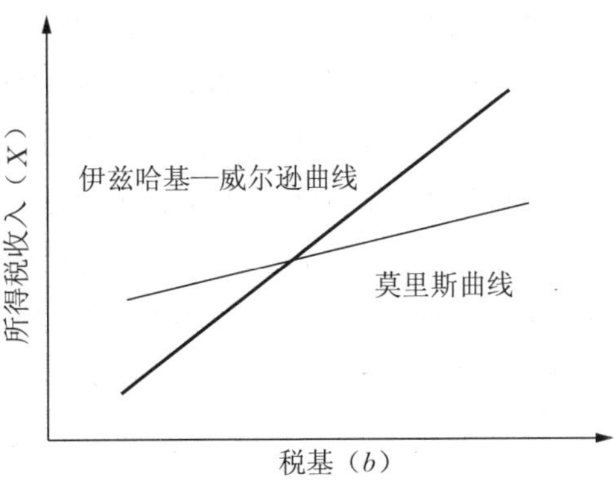

图 9.1　莫里斯曲线和伊兹哈基—威尔逊曲线与最优税制

与此相反，如 Yitzhaki(1979) 和 Wilson(1989) 的做法，给定全民补助，政策向量 (t, b) 的一阶条件可以刻画最优税收政策，从而确定保持税收累进性不变的最优税收范围。在所有的可能补助值 A 下求解最优化问题，会在 (X, b) 空间中形成一个向上倾斜的“伊兹哈基—威尔逊曲线”(Yitzhaki-Wilson curve)，这是由与之前的 Yitzhaki (1979) 模型中的等式(8.5)几乎相同的最优条件所定义的。这意味着更主张平等的社会（即从扭曲的税收中获得更多的收入）将会有更广泛的税基，因此应税收入的补偿弹性也更低。

莫里斯曲线和伊兹哈基—威尔逊曲线的交点为最优税收政策 θ，确定了累进性和税基弹性的最优水平。Slemrod 和 Kopczuk(2002) 证明，在最优点附近，伊兹哈基—威尔逊曲线从下面切向莫里斯曲线，平均主义的增长（莫里斯曲线上移）将会增加从扭曲性税收中征得的收入额，使税基扩大，并降低最优情况下应税收入的补偿弹性。Slemrod 和 Kopczuk（2002）也证明，维持一个宽广的税基的成本增加——也就是说，在保持 $D(b)$ 不变情况下增加 $D'(b)$ ——会降低税制的最优累进性，并使最优税基变窄。

9.2 修补奥肯漏桶

对更高的边际税率的行为反应不仅包括对轻税商品的替代效应，如 Slemrod 和 Kopczuk（2002）所提出的例子，而且还增加了避税行为。在所得税方面，较高的边际税率会促使纳税人重新安排他们的事务，以利用税法中额外的扣除额和漏洞。这种社会浪费行为提高了个体纳税人的税后收入，但除了收入效应外，并没有改变消费结构。那么避税机会是如何影响所得税的最优累进性呢？假定避税机会的可得性可以在一定的成本下通过对税收政策选择（部分）控制，执法水平是否会影响最优累进性呢？

Slemrod（1994）通过调整标准的最优线性所得税模型以允许纳税人参与逃税行为，并假设社会规划者控制了影响纳税人逃税行为的昂贵工具，从而解决了这一问题。标题中的这句话，"修补奥肯漏桶"，参考了阿瑟·奥肯（Arthur Okun）1975 年出版的著作《公平与效率：重大抉择》（*Equality and Efficiency: The Big Tradeoff*）。奥肯认为，通过税收将财富从相对富有者向相对贫穷者转移是政府的一项适当的政策，但他认识到再分配的过程中内在的效率损失。为了让这种权衡取舍显得生动，奥肯引入了一个漏桶的隐喻："钱经漏桶从富人转移给穷人。其中有些钱会在转移过程中消失，因此穷人不会得到从富人那里拿出的所有的钱。"奥肯将这些损失（即漏出）归因于征税和转移支付的管理成本以及激励效应。

经济学家通常认为个人的偏好是给定的和不变的（例如，休闲与其他商品之间的可替代性）。从税制的角度来看，尽管会有一定的代价，但是水桶的漏洞可以在一定程度上得到修补。税基可以扩大，执法能够加强，避税渠道可以消除。因此，最优税制问题是由以下两点共同确定的：(1)有多少资源用于强化有效的管理程序和扩大税基(即修补漏洞);(2)给定的最优低效率,税制的累进性要到何种程度(即将水从富人处转移到穷人处)。

Slemrod(1994)的模型是第 7 章中概述的一般框架的一个特例,也是上一节讨论的内生弹性的另一个例子,用下列特定函数形式表示:

$$T(y,\ s,\ \theta)=t(y-s)-A$$

$$\kappa=\kappa(y,\ s,\ E)$$

$$D(\theta)=E$$

其中,y 是收入,A 是全民补助(demogrant),t 是边际税率,s 是纳税人选择的隐匿(逃税或避税)水平,E 是税务机关用于减少逃避税的资源水平。假设对于 $\theta=\{A,\ t,\ E\}$ 有内解,$z=y-s$ 表示应税收入,等式(7.10)意味着政策制定者的一阶条件(FOC)如下:

$$[\partial A]\quad \int\left(W'\ \frac{\alpha}{\lambda}+t\ \frac{\partial z}{\partial A}\right)\mathrm{d}F(n)\equiv\int b_n\mathrm{d}F(n)=1 \tag{9.11}$$

$$[\partial t]\quad \int zW'\ \frac{\alpha}{\lambda}\mathrm{d}F(n)=\int\left(t\ \frac{\partial z}{\partial t}+z\right)\mathrm{d}F(n) \tag{9.12}$$

$$[\partial E]\quad \int W'\ \frac{\alpha}{\lambda}\ \frac{\partial k}{\partial E}\mathrm{d}F(n)=\int\left(t\ \frac{\partial z}{\partial E}-1\right)\mathrm{d}F(n) \tag{9.13}$$

其中,b_n 是收入的净社会边际价值。结合方程式(9.11)和方程式(9.12),利用斯勒茨基公式(Slutsky formula)可以得出最优线性所得税率 t 的表达式如下:

$$t=\frac{-\operatorname{cov}(b_n,\ z_n)}{\int(\partial y^c/\partial t)\mathrm{d}F(n)+\int(\partial s^c/\partial t)\mathrm{d}F(n)} \tag{9.14}$$

其中,$\partial y^c/\partial t$ 是薪酬收入关于边际税率的补偿变化,假设为负,$\partial s^c/\partial t$ 是隐匿收入关于边际税率的补偿变化,假设为正。公式(9.14)与标准公式不同之处在于分子和分母中加入了隐匿收入项[与公式(2.20)比较]。在分子中,应税收入等于 $z=y-s$,而不是没有逃税行为的标准情况下的 $z=y$。假设收入隐匿集中在高收入人群中,应税收入和收入的社会边际价值的之间的相关性下降了($|\operatorname{cov}(b_n,\ y_n-s_n)|<|\operatorname{cov}(b_n,\ y_n)|$),这意味着一个更低的最优边际效率 t。直观地说,当隐匿收入行为集中在高收入者时,申报的应

税收入是纳税人收入边际效用的一个信息不足的度量。纳税人通过增加隐匿收入活动以抵制高的边际税率，也增加了再分配的社会成本。通过在分母中增加隐匿收入反应$\partial s^c/\partial t$，等式(9.14)可以反映这种影响。隐匿收入行为对提高边际税率越敏感，最优税率越低。

然而，隐匿收入对边际税率变化的反应取决于税务机关用于逃税和避税的资源水平，称之为征管执法。这一水平是这样选择的，在最优的情况下，更严格执法的边际社会成本等于通过更严格执法取得的边际净收入额[见等式(9.13)]。等式(9.13)左边的项代表更严格征管的纳税人成本，等式(9.13)右边表示征管执法的边际增加所取得的净收入额(回顾一下，每额外1单位的征管执法会花费1美元的管理成本)。由于等式(9.13)左边的项是正的，因而最优的征管水平低于征税收入最大化的水平。如果社会规划者忽略了这种情况，执法力度次于最优水平时，那么与社会最优情况相比，隐匿收入行为对边际税率变化的反应会过度具有弹性。我们将这种隐匿收入的弹性作为外生的，则等式(9.14)会告诉我们，税收的累进性相对于执法水平和边际税率都处于最优的税收制度将会过低。

注 释

① 然而，Deaton(1987)强调全球最优税收问题需要了解税率弹性以及超出历史观察的价格，要求强的需求函数形式假设，假设决定最优税收规则。

② 参见 Kaplow(1990)，我们在第8.1.2节的讨论中以一个略为不同的分析框架对这些问题进行了分析。

③ 这种近似对于更大的t值不成立。采用二阶的泰勒级数，在$t=0$附近$(1+t)^b$近似于$(1+t)^{-b}$，两项之间的绝对差与bt^2成正比。

10 最优可观测性和复杂性

我们的分析主要集中于税基的可操作性，通常可以概括为实际数量和报告数量行为反应的税基弹性。最优税制方法表明税基的另外一个重要方面是税务部门对于真实值的可观测性。许多税收制度依赖于私人部门向政府的报告，他们可能错误地、故意地或者是疏忽地报告信息。但是，税务部门除了通过纳税人提供的报表以外，还能够直接查明真实税基的相关信息。即使没有报告要求，纳税人的欺骗行为也会使观测变得更加困难。可操作性和可测性是内生的，受纳税人及其代理人行为的影响，同时也受税务部门的影响。因此，纳税人能够通过改变真实值，或改变给税务部门的报告，或者通过操纵可观测性，对税制的某些方面作出反应。将银行取款转移到床垫底下会影响财产的可观测性而不是真实财产（尽管这样会失去利息）。

可观测性是税收制度中不可或缺的，因为它能够限制不确定性，并作为法律性规则的一部分。但为了节约资源，税收规则不必需要使用所有的可得信息。因此，在某种程度上，可测性是关于获得准确测量的成本，该成本可以由税务部门承担，也可以由纳税人或者第三方承担。

10.1 可观测性

Mirrlees(1971)提出的具有开创性的最优所得税理论模型，对什么是税务部门能够观测的或不能观测的作出了一些明确的假定：收入在没有成本的情况下是能够观测的，同时工作时间和取得收入的潜在能力在任何成本条件下都是不可观测的。但在实践中，真实的收入几乎不可能无成本地获得。此外，工作时间和工作能力都可以衡量，前者更容易衡量，两者都有可能出错。那么税务机关应该投入多少资源来提高收入的可测性呢？

10.1.1 线性所得税中的最优可观测性

既定税基的可观测性不是外生的，而是取决于税收制度内部的各个方面，包括税务机构投入在准确测量上的资源。Kaplow(1996；1998)探讨了最优所得税中准确性和复杂性的作用，Slemrod 和 Yitzhaki(1994)将该问题运用于所得税的标准扣除，这节约了行政和遵从成本，但是不能很好地区分可扣除活动的真实程度。

最近的一项研究由 Slemrod 和 Traxler(2010)完成，在税收义务可在税务机关可控的错误程度内评估的情况下，基于最优线性所得税的背景，他们将这一问题形式化。从形式上来看，n 类型纳税人的最大化效用函数为 $u=u(c, y/n)$，其预算约束为 $c=y-T(\theta)$，c 和 y 的选择是 n 的隐式函数，对纳税人的工作(能力)的负效用进行参数化。税收函数 $T(\theta)=[t(y+v)-A]$ 描述了这样一种假设：纳税义务以不能完全衡量的收入 $y+v$ 为基础，而不是以真实收入 y 为基础。税务机关观察得到的收入的误差为 v，假定为给定 $H(v;\sigma)$ 的零均值分布，参数 σ 表示 v 的方差，σ 可以通过税务机关的行政成本 $D(\sigma)$ 减小，有 $D'(\sigma)<0$，降低方差具有较高成本。① 假定风险厌恶型的纳税人在其纳税义务不确定之前作出税前劳动收入的选择，这意味着 n 类型纳税人具有如下期望效用最大化的问题：

$$v(t, A, \sigma, n)=\max_{\{c, y\}}\int u\left(c, \frac{y}{n}\right)\mathrm{d}H(v;\sigma) \quad \text{s.t.} \quad c=y-T(\theta) \tag{10.1}$$

风险厌恶型纳税人面临税后收入的不确定性问题，有限的可观察性降低了社会福利。在外生的征税收入 G 的约束下，社会规划者选择税收政策 $\theta\in\{t, A, \sigma\}$ 来使社会福利 W 最大化。这一问题是第 7 章讨论的 Mayshar(1991)模型的一个特例，不同之处在于这里的个人纳税义务是不确定的。

社会规划者最大化的拉格朗日函数表示如下：

$$L=\iint(W(v(t,A,\sigma,n))+\lambda[T(\theta)-D(\sigma)-G])\mathrm{d}H(v;\sigma)\mathrm{d}F(n) \tag{10.2}$$

社会规划者的一阶条件，假设有内解，有

$$[\partial A]\quad \int\left(\int W'\frac{\alpha}{\lambda}\mathrm{d}H(v;\sigma)+t\frac{\partial y}{\partial A}\right)\mathrm{d}F(n)\equiv\int b_n\mathrm{d}F(n)=1 \tag{10.3}$$

$$[\partial t]\quad \int\left(\int -W'\frac{\alpha}{\lambda}(y+v)\mathrm{d}H(v;\sigma)+\left[y+t\frac{\partial y}{\partial t}\right]\right)\mathrm{d}F(n)=0 \tag{10.4}$$

和

$$[\partial\sigma]\quad \int\left(\int W\frac{\partial h(v;\sigma)}{\partial\sigma}\mathrm{d}v+\lambda\left[t\frac{\partial y}{\partial\sigma}-D'(\sigma)\right]\right)\mathrm{d}F(n)=0 \tag{10.5}$$

同上，这里 b_n 是 n 类型纳税人收入的边际社会价值，$\bar{b}=\int b_n\mathrm{d}F(n)=1$。运用这一表达式和斯勒茨基公式关于收入 y 对边际税率 t 的反应，关于 t 最优选择的一阶条件可以表示为以下形式：

$$t=\frac{-\operatorname{cov}(b_n,y_n)-\int\psi(n)\mathrm{d}F(n)}{\int-(\partial y^c/\partial t)\mathrm{d}F(n)} \tag{10.6}$$

这里 $\psi(n)=\int W'v(\alpha/\lambda)\mathrm{d}H(v;\sigma)$ 是税制不确实的边际社会成本，$\partial y^c/\partial t$（假设为负）是收入 y 关于边际税率 t 的补偿变化。如果收入是完全可观测的，$\psi(n)=0$，最优线性所得税简化为标准形式[参见式(2.20)]。但如果不是完全可观测性，$\int\psi(n)\mathrm{d}F(n)>0$，则最优累进性会下降。可以直观地看出，随着边际税率 t 的增加，n 类型纳税人的税后收入离散程度越高，纳税人面临的税后收入风险也越大。为清楚地认识到收入最佳观测性的决定因素，σ 的一阶条件可以被重新整理为如下形式：

$$\frac{1}{\sigma}=\frac{-\frac{1}{\lambda}\iint W[\partial h(v;\sigma)/\partial\sigma]\mathrm{d}v\mathrm{d}F(n)}{D(\sigma)\varepsilon_{D,\sigma}-t\int y\varepsilon_{y,\sigma}\mathrm{d}F(n)} \tag{10.7}$$

这里，$\varepsilon_{D,\sigma}=-\sigma[D'(\sigma)]/D>0$ 是关于可观测性程度(相反)的观测成本弹性，$\varepsilon_{y,\sigma}=-(\sigma/y)(\partial y/\partial\sigma)$ 是关于可观测性(相反)的收入弹性。等式(10.7)的右边是由调整可观测性 σ 筹集到的收入的边际社会成本与边际社会收益的比率。税收制度的不确定性成本越高，如由于社会福利函数更显凹性，税制的最优可观测性就越大。这一影响由等式(10.7)右边的分子部分表现。分母项衡量的是可观测性的边际增长的收入效应。分母的第一项反映了在假设 $\varepsilon_{D,\sigma}>0$ 时，可观测性的边际变化引起的行政成本的边际变化。$\varepsilon_{D,\sigma}$ 越呈正，要提高税制确定性的成本就越高，因此最优可观测性就越低。分母的第二项反映了可观测性边际增加对收入的影响：如果收入可观测性增加，那么 $\varepsilon_{y,\sigma}>0$。$\varepsilon_{y,\sigma}$ 越大，最优可观测性就越大。

10.1.2 金融交易

信息是现代税制的核心，信息的有效性塑造了税收结构。Gordon 和 Li (2009)强调了金融交易在向税务机构提供信息方面发挥的重要作用。当公司或个人利用金融部门进行交易时，交易的文件记录可作为税收执法的依据。如果是通过现金进行交易，企业可以逃避大部分的纳税义务，但代价是放弃了借助金融中介机构带来的好处，如运营资金的利息收入和融资渠道。当金融中介的作用很小时，往往会存在大型的非正规部门通过现金交易来逃税。

与发达国家相比，发展中国家的收入占 GDP 的比重更小，它们更依赖于消费税、边境税来增加收入，比如关税、铸币税和企业所得税。发展中经济体所征收入不足的主要原因不是法定税率较低：平均最高消费、企业和个人所得税税率大致相同。相反，由于大规模的非正规部门的存在，平均税率要低得多。因此，人们很容易将这些典型事实作为发展中经济体税收制度不佳的证据。最优税收理论认为，在特定条件下不应该对生产的投入征税，也不应对出口商品征收关税和消费税，不应有铸币税。与发展中国家不同，发达国家来源于企业所得税的收入较少，对储蓄和投资造成的扭曲也更小。

但是，当金融中介机构没有给大多数公司带来什么利益时，会导致大型的非正规部门的产生，最优税收制度将会与标准最优税收理论作出的信息假设有很大不同。税收收入只能通过正规部门的企业征收，所以税收政策是有偏向性的：对利用金融部门的企业征税并鼓励企业利用金融机构。[②]从这个角度来看，Gordon 和 Li(2009)认为发展中国家的税收制度不一定是次优的。

不利用金融中介机构的大的非正规经济部门的出现，限制了政府可征得收入的规模和税基的广度。假设资本密集型公司最依赖于金融中介机构，企业所得税具有次优特征，因为企业所得税的目标是那些最不愿意放弃银行交易益处的企业。对那些规范化程度随税负灵活变动的部门，应该实行低消费税税率，相反，对那些大大受益于规范化的部门，应该实行较高的消费税税率，这和欠发达国家各部门法定消费税税率的差异是一致的。有趣的是，关税可以合理化地使用，其常被用来消除消费税税率造成的生产扭曲。

另一方面，一些低效率的政策工具，比如像通货膨胀税和繁琐的行政程序，一旦认识到其信息化应用，也会被当作有效率的工具。在最优税制中，货币作为中间生产投入的角色，通常会妨碍从铸币税中筹集收入，但高的通货膨胀率增加了持有现金的机会成本，从而增强了企业规范化的动机。与此类似，非正规公司面临的繁琐行政成本，如许可费，可以增加政府收入并增加非正规部分运营的成本。

10.2 复杂性

许多税收制度的观察者都注意到税制往往是极其复杂的，尽管判断评价的标准一般没有明确的规定。想想美国的所得税。在第 4 章中我们注意到征收所得税的投入成本——包括行政成本和遵从成本，据估计耗费的成本占收入的 10%左右。2005 年美国联邦所得税法的字数是 1 286 000，而联邦税收条例的总字数是 5 778 000。[③]所得税法的规定是恰当的呢，还是过于复杂了？

为何许多税收制度(也并不是所有的税收制度——比如美国社会保险工资税)如此复杂,这本身就是一个复杂的问题。在第3.3.6节里,我们讨论了和资本收入有关的问题,认为税制复杂性的部分原因是由于所得税税基的不连贯性,包括衍生证券在内的金融创新导致的不连贯性引起税收套利(比如,买与卖等值但征税的收入流不同)。政府试图消除这些税收套利交易空间——比如,将形式交易和实质交易进行区分,但这可能会使税收制度更复杂。

对累进税的需求是税制复杂性的另一个原因。正如Musgrave(1994)所强调的,如果一个社会希望税收负担趋于收入或消费的一定比例,那么税收就可能是非个人化的(如增值税和零售税),并且不需要搜集和验证包括个人年收入和消费在内的个人信息。相较之下,Slemrod和Traxler(2010)认为,由于税制复杂而引起的纳税义务计算的不准确无益于社会目标的实现。Kleven和Kopczuk(2011)认为对非普遍性的转移支付项目,复杂性是一种政策工具——比如福利水平和资格标准,可用于区分申请者是否符合条件。最优的程序设计设置的政策工具要尽可能减少不符合条件的申请者占有的名额(他们将其标注为型Ⅱ错误,和统计假设检验中的术语一致),尽可能完整地将符合条件的申请者纳入名额(类型Ⅰ错误)。他们发现,一个最优的非普遍性转移支付项目通常会制定资格标准,这将导致型Ⅱ错误的比例很高,通过标准设计的复杂性并没有将不符合条件的申请者排斥在外。

利用所得税制度来实现非收入性、非累进性目标也使得税制复杂化。允许对慈善捐赠进行扣除是对慈善捐赠的一种补贴,这对捐赠的相关文件和核实提出了要求,同样,对研究费用扣除的鼓励也是如此,诸如此类。

税收复杂性会影响纳税人的个人决策,也会影响公民的投票及其他社会行为的选择。尽管两者之间的关系还没有得到足够的重视,但人们已经意识到了这些问题。

10.2.1 作为决策者的纳税人

在自行申报纳税的个人所得税制度中,准确计算个人的纳税义务对许多纳税人来说都是困难的。当然,面临的困难是多种多样的。人们在认知能力上存在差异,而且税收遵从对不同纳税人认知过程(以及付出的精力)的要求也大不相同。对于那些财务状况,特别是资本收入状况复杂的纳税人而言,纳税义务的计算极为复杂。而对于那些以工资薪金为主要收入来源的纳税人而言,计算过程简单明了。纳税人可以购买专业的(以及软件式的)纳税代理服务。

复杂性是如何影响个人对自身选择以及对替代性选择的相对价格的看法呢?关于纳税人对其平均所得税税率、边际所得税税率看法的研究不胜枚举。Sheffrin(1994)对美国、英国及加拿大纳税人的相关研究进行了综述,发现纳税人一般都低估了他们的总税负和边际税率。但不清楚的是,纳税人对边际税率的认识和税制复杂性之间的关联性。Liebman 和 Zeckhauser(2004)提出了一个假说,他们认为纳税人由于受认识的限制会推断自己面临的边际税率是更容易计算的平均税率;他们将这一经验法则称为"熨平"(ironing),这是他们称之为"schmeduling"(其含义为纳税人对价格和税收表不准确感知)的术语所包含的两种情形之一。他们的研究显示"熨平"行为消除了部分高边际税收的无谓损失,因而当对于没有出现"熨平"行为的纳税人的最优税率表呈凸性时,会出现更佳的结果。

Feldman 和 Katuščák(2006)利用符合儿童税收抵免(CTC)条件的纳税人,实证检验纳税人是否会将他们的边际税率和平均税率相混淆。儿童税收抵免项目是 1998 年引入的,只要抚养的孩子在纳税年度结束前未满 17 周岁,就可以申请获得相应的扣除额度,这可以预测纳税申报者的平均税率的变化。尽管失去这一抵免项目的资格对边际税率并没有影响,Feldman 和 Katuščák 发现在丧失儿童税收抵免资格的下一年度,家庭的劳动收入减少。这一发现与标准模型不一致:失去儿童税收抵免项目的资格只有负所得效应,意味着劳动收入的增加而不是减少。但是观察到的失去 CTC 资格后家庭收入出现下降,与纳税人的反应是一致的,似乎平均税率影响了闲暇的真实税后价格。

纳税人的认识局限对税收分析有多种意涵。一是税负的分配不仅仅取决于主观特性,还可能受到认识能力的影响。二是对于那些不善于处理税务问题的纳税人,他们可能会避免某些就业状况,比如说自雇就需要纳税人比较精明。Goldin(2012)建立了一个最优税收显示(tax salience)模型,认为显示度低的税种带来了两种相互抵消的福利效应:(1)通过抑制消费者对应税消费品的替代性选择，降低了扭曲性税收的超额负担；(2)显示度低税种造成消费者在决定消费多少的最优化决策中发生错误，产生了新的福利成本。最后，税收理论视为理所当然的一些等价关系可能不会实现，比如劳动所得税和消费税，由于对它们有不同的认知。④ Blumkin 等人(2012)发现，在一个实验环境中，被试者对所得税作出反应，明显地减少了劳动供给，并且减少量比对等价的消费税作出的反应更大。研究人员推测这是因为被试者低估了未来征收的消费税的现值。Sausgruber 和 Tyran(2005)的实验研究显示，购买者通常会系统性低估对卖方征收的间接税税负，但对等价的直接税则不会这样。

Chetty 等人(2009)发现，在产品上或产品附近标注含税价，而不是在产品售出时计算税款的话，会降低销量。他们的发现基于在加州一家大型超市的实验，这个实验选取了三大类商品(化妆品、护发用品、除臭剂)共 750 种商品，在这些商品原来的价格旁边标注了税率为 7.735%的含税价，进行为期 3 周的观察。他们还将同一家商店的不同商品、两个邻近的商店作为实验控制，据估计，"税务处理"使商品需求降低了 8%，并据此得出结论(给定之前估计的相关商品需求弹性在 1 到 1.5 之间)：大多数消费者在作出购买决定是不会考虑销售税。在他们对顾客的调查中，处于中间的受访者都很清楚哪些商品需要缴纳销售税，并且超过四分之三的被调查者回答的税率和真实的税率误差在 0.5%以内。因此，Chetty 等人(2009)认为其结果是由显示效应(salience effects)导致的。在所有的这些例子中，如果这种反常现象对消费者会产生重大的负面影响，那么这种现象是否会长期存在是一个有待探讨的开放性问题。

意识到认识偏差和有效利用认知资源的经验法则，对于衡量纳税人对财政政策工具反应的适当的计量经济学方法论有一定的影响。第一步(也是必要的一步)就是要了解纳税人是如何将这些工具映射到感知的相对价格上的。这个步骤包括但不限于以下方面：理解哪些变化由于不明显而被忽略，可能是纳税人凭经验保留了认知资源，仅关注一定程度之上的重要变化。新兴的关于税收和显示性的文献研究，不管是理论上的还是实证的，都还没有将研究置于适当的动态环境下。毕竟，对于每个人都忽略的一系列微小的税收变化，综合起来可能会很大程度上取代最优选择。这是未来研究的一个重要议程。

10.2.2 作为选民的纳税人

成年消费者也是潜在的选民，因此他们必须考虑支持哪位候选人的税收政策（以及其他政策），还包括这些政策的复杂性。纳税人作为一个选民的角色，他们面临的问题是很难弄清一项税收政策的后果是什么，无论是对他们自身利益还是对整个经济产生的后果。

一些情形下是合适的。政治科学研究确信，一般而言选民对政府的细节情况知之甚少。Delli Carpini 和 Keeter(1996)对选民的政治知识进行了一项全面的调查，这份调查涵盖了几十年数以及数百个调查问题，调查表明大多数选民对美国政治体系的关键点都不了解，比如说谁有权宣战、政府的三大分支各自的职能、由谁来制定货币政策。2003 年的综合性调查由美国国家公共广播电台（National Public Radio）和恺撒基金会（Kaiser Foundation）共同完成，并且肯尼迪政府学院确认这一调查结果对税收领域同样适用。

相比之下，政治学家们对这种选民缺乏政治知识背景下产生的政策影响颇有争议。例如，Lupia(2001)认为，对政治知识水平的衡量，通常是通过统计人们对少数公共事务问题回答的正确率，若将有决策能力定义为人们作出的选择与在知道政策后果的准确信息情况下作出的选择相一致，那么政治知识并非选民决策能力的必要条件和充分条件。几乎没有系统性的证据表明选民会受与其利益无关的政策的误导。但是，Slemrod(2006)提出的美国人支持单一所得税的例子却不同与此：许多人（错误地）以为美国当前的所得税制度是累退性的，他们认为实施单一税改革会使税负分配更具累进性，并支持这一改革。

为何有的辖区的税款征收十分复杂，而另一些地区却并非如此呢？由于缺乏可靠的、可比的手段来衡量全国各地区的复杂性，对这一问题还没有进行广泛的研究。Slemrod(2005)利用美国州所得税制度之间的差异及其随时间的不同变化，来研究是什么因素导致了税制的复杂性，其中复杂性简单地用所得税申报表的行数、填报指导手册的页数来衡量，通过调查，他发现了一些有趣的模式。分析表明，在 2000 年，美国各州的立法机关更加专业（通过支付的工资来衡量专业程度），税制趋于更加复杂，而且选民相对不那么活跃。前者表明了税制的复杂性受到立法机关的影响，虽然也有可能是选民希望有更积极的政策、更专业的立法机构，这些州选择了更复杂的税制。后者意味着较高的公民政治参与度，会抑制税制的复杂性。

Graetz和Shapiro(2005)认为，纳税人对不公平程度以及可能要缴纳遗产税的误解在2001年民众支持就2010年暂停遗产税立法中发挥着关键的作用。遗产税具有高度的累进性，只对占总人口1%—2%的最富有者死亡时留下的遗产征税，这使遗产税从理论上来讲不太可能作为被废除的对象。他们的书有一个煽动性的标题：千刀万剐，使人联想到在一个世界里，狭隘利益利用分散的大多数人和信息的缺乏，将累进的税收制度拆成了碎片。

对于选民的困惑，专业的经济学家当然也不能自以为是，因为在经济学的所有领域中，我们还有很多不了解的东西，税收经济学也不例外。一些核心的问题，诸如企业税收和财政赤字的归宿、替代性税收制度对长期增长的影响，还尚未解决且存在着争议。

政治家和官僚有动机且有能力利用纳税人的行为偏好和认知限制。[⑤] Long(1981)认为LRS利用纳税义务的不可预测性来强化其权力，通过以行政权服务于政府当时利益的任何方式来决定案件。同时她也注意到，不可预测性使IRS在证明纳税人犯罪意图(而非过失错误)方面更加困难。McCaffery(1993—1994)、Krishna和Slemrod(2003)认为，美国的所得税有许多特性都利用了纳税人的认知偏差来降低人们对税负的感知，通过使用营销科学中著名的“价格促销”，比如折扣的使用(对广义的收入设定扣减项目)以及小额频繁支出的利用(在雇主代扣代缴中)。[⑥] Baron和McCaffery(2003)的实验研究提供了这一策略会成功的证据，正如他们研究所表明的那样，当税负在多个税种实现时人们会低估总税负。出于对某些税种(比如增值税或企业所得税)的负担对纳税人“隐藏”起来的担心，部分保守派反对这些税种：他们认为这种隐藏的税收会使选民低估政府的真实成本。比如，Finkelstein(2009)提供的证据表明，将每次行程缴纳、人工收取的过路费转变为自动电子收费后使收费增加，因为司机(选民)对收费(税收)的感受变得不明显。

将税收设计类比为设定价格引出一个问题，就是公共财政环境和市场环境有何不同。虽然在民主国家中存在一定程度的政治竞争，但在社会选择中市场的中介作用相对较弱，而在许多涉及行为经济学的案例中，市场可以合理地套利或利用非理性因素。但即便如此，市场的作用也不明显。正如Mullainathan和Thaler(2001)强调的那样，人们的很多决定(比如关于退休储蓄)不会经常作出，因此“干中学”不一定很重要；不那么理性的人反而会“幸存”，并会影响市场的结果。

产业组织相关研究的一些观点揭示了关于复杂性的政治经济学原理。Garrod(2007)表明在一些市场中普遍存在着模糊性，令人惊讶的是，这些市场还包括互联网零售及金融产品市场，如指数基金、货币市场基金、信用卡、传统的固定利率抵押贷款、生命年金和定期寿险。理论研究显示，即使是竞争激烈的市场，也不会消除私人公司对价格的模糊处理。虽然Milgrom(1981)研究显示，如果消费者具备认知能力推断他们应该避免那些隐匿信息的公司，且如果公司报告信息是可行的无成本的，那么竞争公司就会将产品信息充分地告知消费者，但是最近的一篇文献证明在竞争约束的均衡中企业对信息的模糊化是有利可图的。比如，在Gabaix和Laibson(2006)的“隐藏属性的均衡”(shrouded attributes equilibrium)中，企业可以对互补的、非必需的附加组件的价格进行模糊处理，而且当有足够比例的消费者未考虑附加组件时，这样的做法可能是最优的。这个问题有意思的地方在于，在均衡条件下，精明的消费者会利用基础商品的低价而不购买附加组件，而从中获益。

从这一文献研究中可以看到，企业可能会从复杂化或模糊化中受益，这一过程和相关可用信息会使精明的消费者从中获益，当然这是以牺牲其他消费者的利益为代价的。同样，现在的政府也可以尝试，也能够这样做：利用税制设计的复杂性弱化人们对真实税负的感知而从中获益。在这个过程中，精明的纳税人实际上可能会受益。但是，政府中的人是“正直”的人，他们自己可能受到一些原则框架的约束。其中，一个十分重要却很少研究的问题是，如何将认知约束下的政策制定者的行为模型化：他们与纳税人和投票者的启发式认知偏差(heuristic biases)相同吗？

注 释

① 假定函数 $D(\sigma)$ 连续可微，且有 $D' < 0 \leqslant D''$。

② 遵循这一逻辑，Benshalom(2012)也提对提现征税。

③ 参见网址 taxfoundation.org/article/number-words-internal-revenue-code-and-federal-tax-regulations-1995-2005。

④ 由于行政成本和遵从成本不同，教科书上讲的等价性可能并不成立。参见 Slemrod(2008a)。

⑤ 当然，对税收的复杂性还有其他的解释。Hettich 和 Winer(1999)认为，复杂的税收机构是官僚政治斗争的一种副产品，在这一过程中，各政党被迫提出和执行对不同种类的选民的尽可能谨慎的歧视性或区别性政策。在他们看来，行政成本限制了政府对不同的纳税人实行不同的政策。

⑥ Kim 和 Kachersky(2006)对关于价格显示性的营销学文献，进行了批判性地回顾。

11 断点和最优界线的确定

11.1 商品特性

正如所有的税务律师所说的那样，实践中对税收的激烈讨论很大程度都是关于如何确定和解释不同税收工具运用的界线。[①]比如，一笔既定的捐赠是否可以作为慈善捐赠扣除？一个卖血的人是否可以把食物支出作营业费用来扣除？职工是应该以雇员的身份让雇主来代扣代缴所得税和工资税呢，还是应该作为独立个体自主纳税呢？尽管界线的划分问题普遍存在并且具有政策相关性，但在经济分析中几乎没有涉及这一方面，这是为什么呢？

首先从商品税开始谈起。忽视界线划分最主要的原因是，现代最优商品税理论允许对不同的商品征收不同的税，不同商品的税收取决于商品效用函数的性质、分配目的及其产生的外部性的特征。但是每类商品（或服务）都适用不同税制的征管成本非常高，特别是考虑到新商品每天都在不断增加。因此，实际的商品税只设置了少数几个税率，每种税率适用的商品范围却很广。[②]当需要征收选择性商品税时，稳定的税收制度必须具备相关程序来区别适用不同税率的不同商品。实践中，消费税通过商品的特性来进行区分。比如，美国的零售营业税通常会对食物免税，但餐馆的饭菜不属于免税的范围，因此就要求确定这两类商品之间的界线。这可以通过餐馆的饭菜各种特征进行区分，在某些情况下这种划分是很有用的，如百货店买的预制食品，顾客可能在店里吃，也有可能不在店里吃，预制食品还有可能摆在店内的沙拉吧上出售。

在实际的税收制度中商品特性的关键作用在于以下几个方面。首先，标准理论意味着替代方法有赖于补偿弹性矩阵的估计，但这是不可行的。因为这些弹性很难精确地进行估计，而且对决策者和消费者来说，补偿弹性也不像按照征税对象特征的方式那样直观。其次，共同的特征似乎合理地表明商品之间的相对替代性，因此可以作为一个更容易测量的理想指标，但它不是显著的可观测的因素。第三，正如前文所述，现代经济下产生了大量不同的商品，而可获得的商品的数量也在不断变化。如果税法对不同的商品及其弹性进行详细说明，那么当一种新的商品问世时，就没有办法自然地将其归到某一税法规定，而且需要重新制定相关法律来明确新商品的税务处理。相比之下，基于特征的规则来给商品确定税率，通过有限的税收政策选择，自然地将新商品归到以商品特征为基础的税种之内。③

最近的一些研究（Kleven and Slemrod，2011）通过重新构建最优商品税理论解决了这些问题，以商品特征为视角的最优商品税理论更容易和实际的税制相符合。为此，他们采用 Lancaser（1966；1975）的观点，认为商品的特征是直接的效用对象，而不是商品本身，并且每一种商品都可以根据自身的特征进行归类；我们在第 3 章中提到过这个观点。他们将商品特征、替代性以及最优税率之间的关系形式化，这使得人们可以研究商品间的共同特征，这能够被用于计量商品的替代性和最优税率的差异。果不其然，两类商品特征越接近，最优税率的差异就越小。

根据对税收理论的重新构建，人们可以解决另一个在此之前被最优税收有关文献研究忽视的重要现实方面，即税收驱动的产品创新，不需要技术创新的新产品创造，这些新产品的特征经过重新包装，从而减少纳税义务。比如 Brazel（1976）提到的电灯泡的例子，在第 3 章里讨论过。当税制规定根据可观测到的商品特征对商品适用税收进行分类时，确定不同类别商品的界线问题就会产生。

注意到在选择的集合中，界线会产生“断点”（notches），也叫作“悬崖”（cliffs）。当商品的特征发生细微的变化但越过了法定的界线时，纳税义务就会发生急剧的变化。鉴于我们假设连续的税率在行政上是不可行的，所以这种断点的产生并非特例，而是税收制度中不可避免的、普遍存在的现象。比如，汽车生产商有动力去重新设计汽车，以正好获得节能补贴或避免高油耗税收的资格。在华尔街或者伦敦金融城，税收驱动的产品创新是一项主要的事前规划，目的是设计符合债务融资利息扣除的企业融资工具，同时具备多数或全部权益证券的特征。有趣的是[④]，美国税法规定对 18 英寸及其以上长度的箭杆征收消费税，于是制造商将箭杆的长度制作为 17.9 英寸。Sallee 和 Slemrod(2012)研究显示为了规避美国的高耗油税，汽车制造商倾向于生产燃油效率刚好在征税界线以下的汽车。Harberger(1995)讨论了一个我们喜欢的例子，是关于对汽车适用高税率和征收关税的反应。在印度尼西亚，由于对摩托车的税收优惠使得一种新型摩托车产生，这种摩托车有 3 个轮子，后面有一个长凳子可以坐 8 个人。在智利，对小汽车征收高税收(不对厢式货车征收)的反应是产生了重新设计的厢式货车，这种卡车的特点是安装了玻璃窗，后面没有使用木板和软座。

Kleven 和 Slemrod(2011)的模型自然地将产品创新和最优税收问题结合到一起，因为它显示了不统一的税收制度可能造成特征不清晰的产品的产生，比如像汽车一样的摩托车，但这就达到避税目的来讲对私人是最优的。这体现了对可获得商品的一种扭曲，不同于公共财政经济学家们通常研究的需求和供给的扭曲。在特定的假设条件下，考虑到新产品的创新技术，税收界线划分的断点会促使人们生产和消费位于划分界线低税率一侧的产品，从而分两个税率区域。如果在行政管理上是可行的，那么最优的界线划分应该完全避免由税收驱动的产品创新。在一个只有两种商品和两种税率的世界中，这就意味着划分的界线应该对低税率商品作出足够详细的界定。这一结论又回溯到了 Diamond—Mirrlees 的生产效率理论，该理论认为虽然税收不可避免地会产生扭曲，但在商品的生产中避免这种扭曲是最佳选择，反而只是接受商品消费的扭曲。

11.2 断点

11.2.1 数量断点

税收界线的划分会产生断点(notches)。最简单的断点形式是由于税基大小不同而产生的纳税义务的不连续性。我们只需看看美国的联邦个人所得税法的规定，这是一个关于数量断点（quantity notches）相当简单的例子。税法规定应税收入在 3 000 至 100 000 美元的纳税人可以通过一个由税阶构成的税率表（税阶对应的增加额是 50 美元）来计算纳税义务，因此纳税义务是不连续的，尽管每 50 美元的应税收入最多只有 17 美元的税收差距。⑤将税收和转移支付的资格和应税收入的增加变化联系，在个人所得税中也会产生断点。例如，美国的退休储蓄税收抵免（saver's credit）为年收入在 30 000 美元以下的已婚人士，提供退休账户金额 50%的税收抵免，对收入在 30 001 美元以上的人只提供 20%的信贷。当可获得的抵免上限是 2 000 美元时，每 30 000 美元的应税收入会有最高 600 美元的税收抵免。⑥与此类似，美国儿童照看税收抵免中也存在着这样的断点，在一定的收入标准以上，每 2 000 美元的应税收入的信贷差异有 1%。第一版的《美国经济复苏与再投资法案》(2009)（*American Recovery and Reinvestment Act 2009*）包含了更大的一个断点，根据这一法案，应税收入低于 75 000 美元的单身者以及应税收入低于 150 000 的夫妇，有资格获得 8 000 美元的首次购房税收抵免，但该法案的最终版本引入了一个折弯的（kinked，不连续的边际税率）逐步退出区域来消除这一断点。英国的工薪家庭税收抵免（UK Working Families' Tax Credit）是一项类似于美国的所得税税收抵免（EITC）的针对有孩子的低收入家庭的一个收入支持项目，其中工作 16 个小时是一个明显的断点；每周至少工作 16 个小时的单身父亲或母亲才有资格获得这一税收抵免，但周工作时间低于 16 小时的父母不享有这项优惠。这个税收政策的断点很大，因为如果家庭收入低于一定的标准，当周工作时间为 16 个小时时，可以获得很大的收益（参见 Blundell et al.，2000）。

在 20 世纪 80 年代和 90 年代早期普及医疗补助以前，享有美国公共医疗补助（Medicaid）资格的条件和对有子女家庭补助计划（AFDC）的条件（逐步退出）是一致的。这一断点的产生是由于在医疗补助普及以前，即使是 1 美元的 AFDC 收入都会使单亲父亲或母亲获得年幼的孩子的医疗补助资格，这就促使参与到 AFDC 计划的女性产生了将收入维持在标准以下的动机。Yelowitz(1995)的研究可以反映出这一点，他发现经过逐步改革，切断 AFDC 与医疗补助资格之间的联系会使女性参与 AFDC 计划的可能性下降

1.2个百分点,并且使劳动参与率提高0.9个百分点。

数量上的断点不仅仅限于所得税税基。在许多国家,财产在一定额度以下的纳税人可以免缴财产税或对其适用一个更低的税率,但应税财产超过了规定的临界值之后的纳税人在计算应纳税额时不能将临界值以下免征额扣除,这就造成了税收政策的断点。以色列的 arnona 税(以色列政府对耶路撒冷的财产征收的税种,征税取决于财产的位置和大小)就是一个明显的例子。2010年,针对坐落在耶路撒冷的C区的不动产,面积在120平方米及以下的公寓按照每平方米40.86新谢克尔(NIS)的税率征收财产税,对于121平方米及以上的房屋按照每平方米54.70新谢克尔的税率征税,相当于对超过120平方米的首个1平方米要多征收1 682.40新谢克尔的财产税。⑦

在最优所得税制度中数量断点的可取性取决于税收工具的灵活性。在完全的非线性所得税法中,标准模型中的断点是不可取的,因为 Mirrlees (1971)的研究表明最优边际税率是非负的并且不会超过100%。由于纳税人可以不断调整自身的应税收入,没有人会接受100%的边际税率,因此边际税率超过100%是多余的,同时人们收入能力不会降低的假设保证了最优边际税率是非负的。但是当税收工具缺乏灵活性时,不能保证税收政策断点一定是不可取的。正如 Blinder 和 Rosen(1985)所解释的那样,税收政策断点或许是引导行为合意的一种更有效的手段,因为与线性的补贴计划不同,由税收政策断点产生的税收补贴更接近断点,不会将补贴"浪费"在远离断点的边界外的消费者身上。

正如第6章所讨论的,对低于一定规模的公司通常会因为征收管理方面的原因给予免税,从而造成公司规模上的断点,因此在临界点以上适用高税率的公司很少。在日本,小型企业在增值税上享受税收优惠。在美国,前三年平均收入低于500万美元的公司可以适用现收现付制而不是权责发生制的会计方法,并且可以免除企业的替代最低税收(alternative minimum tax, AMT)。

虽然对小公司的明确或隐含的税收豁免,以及一般性的特殊税务处理可以节约征收成本(既包括了纳税人的遵从成本又包括了税务机关的行政成本),但通常在一定程度上也造成了生产无效率,因为它对企业产生保持小规模的税收激励。有关最优税收的文献并没有切实地解决征税成本与生产无效率之间的平衡取舍问题。从某种程度来说，这是因为几乎所有的现代税收理论都是基于缴税人在经济上无关的假设发展而来的。此外，Diamond和Mirrlees(1971)关于总生产效率的开创性理论认为，如果政府征收最优商品税的权力不受约束，生产的无效率，包括同一部门企业之间的差别待遇，不应该存在。但是他们的最优税收模型忽视了行政成本，并假定不存在未完税的利润，因为规模报酬不变(在这种情况下公司规模不确定)或是征收100%的利润税。

Heller和Shell(1974)早期的一篇论文提出了在税收工具的管理成本高昂时，分析最优商品税制度、一次性税收、特定企业许可费以及利润税的一般框架。但是，当对企业特定的税收不可取时，税收减免必须基于可观察到的产出。Keen和Mintz(2004)考虑了在存在行政成本和遵从成本的情况下，免除企业增值税的一个产出临界线。然而，在他们的模型中企业期望赚取免税利润，在这种情况下Diamond—Mirrlees的理论不再成立，而且一般来说，即使不存在行政成本，不同的公司也应该适用不同的税率。[8]

相比之下，Dharmapala等人(2011)建立的模型将每个企业固定的税收行政成本单独与生产无效率挂钩，这些成本需要一系列税收工具的扩充。在他们的主要模型中有三种可用的政策工具，包括对产出的恒定税率、对企业的固定收费以及产出低于特定值不征税的产出分界线。虽然人们通常认为准入许可费是官僚主义低效率或腐败的体现(如Djankov et al.，2002)，但也表明当对一个行业所有的企业都进行征税时，最优税收政策可能会涉及固定费用的实施。[9]这种收费基本上类似于庇古税，将税收行政的社会成本内在化。[10]在这个模型中，每个行业的特点是规模报酬不变，并存在大量有效的事前完全一致的潜在生产者。企业在进入这个行业之后，会发现企业之间异质的生产能力。在这种情况下，如果不存在行政成本，隔离这些成本的影响，则最优商品税的标准原则是成立的。由于行政成本的存在，Dharmapala等人(2011)发现了有时候对小企业免税是最优的。但Diamond和Mirrlees的理论框架没有考虑由此造成的产出无效率。这种无效率的出现是由于同一行业的不同企业以不同的价格出售商品，同时一些企业为了获得免税资格减少产量造成生产效率水平低，从而引起上述断点造成的中间缺失(missing middle)。

我们强调的重点是中间缺失可能是由特定条件下的最优税收政策导致的,从本质上来讲是理论性的,而不是经验性的(观察到的中间缺失与现行的税收临界点是一致的)。然而,有新的经验性证据显示公司的规模分布受到各种税收政策和规制措施的影响。比如说,Onji(2009)分析了1989年日本引入增值税的情况,引入的增值税为小企业提供了税收优惠待遇,以5亿日元的销售额作为划分标准,研究发现改革之后大量的企业将销售规模保持聚集在5亿日元的标准之下。企业面临的劳动力市场的规则经常也因企业规模的大小而变化。在意大利,员工数量在15人以上的企业面临着更严格的就业保护条例(尤其是更高的解雇成本)。通过运用不同的经验方法,Garibaldi等人(2004)、Schivardi和Torrini(2008)发现这一临界点的显著影响,其中靠近临界点的企业发展速度更慢而其持久性更强。[10]这一证据证明了在最优选择的税收和规制标准下企业规模分布经验研究的重要性。

11.2.2 时间断点

在第3.3.4节中我们讨论了利用(经济活动)时间转换(time shifting)进行避税的例子。会计期间的运用(一般是按年度)经常会造成税收政策的骤然变化,当应税收入的纳税义务是非线性时,或者当税收政策变化在新一年度正式适用之前已被纳税人预期到时,就会造成时间断点(time notches)。例如,大多数的所得税法则适用的年度会计制度为纳税人避税提供了动机,当纳税人在一个时期申报比另一个时期申报要适用更高的税率时,他会重新设定收入实现的时间来避税。一个关于重新设定收入时间来达到避税目的的例子是,1992年美国颁布了一条法令,规定从1993年起提高最高边际所得税税率,这一举动导致了许多华尔街的公司加快了奖金的发放,于是三分之二的奖金作为年终奖发放,而不是像往常那样作为年初奖发放[参见Parcell (1995)],Goolsbee(2000)发现1992年行使的应税股票认股权数量大大增加。2012年年底对高收入人群和股息红利提高所得税税率的可能性(最终也颁布了相关规定),促生了特殊的股利分配和认股权行使。计量经济学方法可以从人们对税收政策断点的反应来研究政策引起的行为变化,因此可以对时间变化的税收政策进行标准的识别,这样在转换时点附近的行为不会有偏差地估计为持续的政策变化的行为反应。

11.2.3 边界断点

当税收政策在不同地理边界之间存在差异时，由于地区经济活动渐进的变化会出现纳税义务的跳跃，从而出现边界断点（border notches）。居住在地区边界附近的消费者几乎不会在高税收的一边进行购买，公司在选址的时候也会将辖区之间不同的税率纳入考虑范围。原则上，辖区政府可以通过基于到边界的距离设定累进税率的方式来消除部分断点。这对那些位于最靠近边界的纳税人来说是有利的，但当高税收区域实行统一税率时对他们而言仍然是有利的，因为靠近低税收区域的纳税人运输成本更低。例如，美国各州销售税税率的不同造成了州界附近销售税的不连续。Agrawal（2011）发现，为了减少跨境购物的程度，在低税率的地区，市政当局会使用地方销售税来消除半数的州税率差异。

11.3 替代税基、断点和行为弹性

我们可以有效地指出，替代税基（surrogate tax base）不仅仅取决于效用的最终论证，因而会产生避税行为和随之而来的超额负担。替代性税基要素的代替性并不能直接改变人们的消费篮子，虽然替代税基与消费篮子连接，可能会改变消费篮子商品的有效相对价格，从而改变消费选择。我们认为所有现实世界的税收制度都有替代税基的要素。

在推定所得税（presumptive income taxes）的情况下，一种税基与另一种税基（如果能观察到的话应该是更优的税基）非常近似。Rajaraman（1995）和Yitzhaki（2007）讨论了各种形式的推定税收。一个比较典型的形式就是以色列的 tachshiv 税，就利用企业相对容易衡量的投入和其他特征来估算它的收入。⑪

Slemord（1990；1992）提出，断点式替代税基的普遍性揭示了行为反应的层次。他主张在行为反应中，时间反应（timing responses）是最具有弹性的，避税或会计反应（avoidance/accounting response）次之，最缺乏弹性的是真实反应（real responses），比如劳动供给和储蓄。虽然有很多证据与这种层次假说相一致，但还没有出现一个满意的解释。现在来考虑支持时间反应具

有高弹性的证据,例如已知资本利得税增加,资本收益显著增加是对时间断点附近的替代税基(资本利得不会直接计入效用函数)的反应,时间断点出现在年末。这在很大程度上反映了年底时每天对高税率的作出的积极的反应,加之销售的时机不会影响消费的时间模式。因此,对资本收益实现弹性的简化形式估计不能为消费的跨期替代弹性有关参数提供直接证据。这也同样适用于对免税期(tax holidays)和即将到期的投资激励规定的可观察的高弹性反应,由消费品或投资品的耐用性在发挥作用。

一个更深层次的问题是局部聚集(bunching)与感兴趣的基本参数模式之间的关系,比如消费的跨期替代性。也许对这一模型最常见的解释是从商品的耐用性(以及耐储性)来考虑的。在这种解释下,消费品是耐用的并用于增加家庭资本的存量。由于所购商品的边际效用较低,可贮存的存货边际效用较高,购买行为的间隔时间越短就越有替代性。这意味着时间断点附近的行为模式并不能直接证明跨期替代性,但能为跨期替代性和商品的耐用性(或耐储性)的结合提供证据。

对非耐用型和非贮存型商品而言,追求最优化的消费者对于是在断点的高税率一侧还是在低税率一侧购买额外一单位商品是无差异的。若与税收变化相对应的需求变量没有发生变化,那么断点附近的购买行为差异的大小以及税收变化的大小为消费者效用的曲率提供了直接的证据,这在标准假设下的跨期替代弹性也得到了证明。一般情况下,税收引起的征税商品和免税商品间价格随时间推移的不连续性,可以运用倍差法来控制这种需求变化。对于可贮存的商品,消费需求和购买行为不一定同时发生,在这种情况下,聚集的范围也可用来同时估计贮存成本函数参数和跨期替代弹性。耐用品的购买时间还取决于贮存成本(考虑到耐用品的折旧率较低)和消费者的跨期替代弹性,这两个因素都可以单独确定。

由于时间是该模型中不可分割的一部分,并且时间运动的方向是单一的,因此对商品的其他特征而言,这种建模方法不容易传递到断点。但也有很多以产品特征为核心的建模方法。一种是我们提到过的 Gorman—Lancaster 方法,效用的直接对象是商品产生的特性而不是商品本身,并且每一种商品都可以映射到一个特征区域中。还有一种方法是基于 Hotelling (1929)提出的空间模型。[13]

且不论断点作为最优税制组成部分是否合适，它可以为识别行为弹性提供一个很好的机会。与最近文献中使用的折弯性来确定税收价格弹性相比[如参见 Saez(2010)]，对断点的关注相对较少。这非常可惜，因为断点附近的隐性边际税率比在折弯处(kink)要大得多，在断点附近的隐性边际税率会更强地激励纳税人从而克服摩擦问题，摩擦会妨碍用折弯性来识别税收弹性。Chetty(2012)正式表明，即使是较小的最优化摩擦的出现，都可以与大范围的强的边际税收价格弹性一致，这使断点造成的不连续性成为计量经济学识别的宝贵机会。断点存在的普遍性增加了这一研究的急迫性，断点的普遍性不仅体现在数量上面，还体现在特征空间、地理边界以及时间维度上。

Slemrod 和 Weber 等人(2012)近期运用了这一方法，利用华盛顿特区房地产转让税收在价格和时间上的断点来估测中期锁定效应(lock-in effect)。2003 年 1 月 1 日，房屋转让税税率由 2.2%提高到 3%，但只针对售价在 250 000美元及以下的转让，为行为反应的估计基础提供了两个不同的来源。他们发现，在价格断点附近存在着大量的操纵价格的现象，但在时间断点附近很少有重新调整销售时间的现象。他们运用首选的计量经济学方法测算出转让税税率提高 1%，销售率就会下降 0.2%。

尽管断点会产生强烈的聚集效应(bunching)，但最优化的摩擦可能仍会明显地削弱对结构弹性的估测。Kleven 和 Waseem(2013)运用了巴基斯坦所得税申报的官方数据，巴基斯坦的所得税制度在每个收入层次间存在断点(在每一级收入内部平均税率是连续的)，他们发现大约 90%的工薪阶层以及 80%的自雇者在显著集中的区间内申报收入。他们还表示，在这些显著集中区间内的大量纳税人可用于分别识别被最优化摩擦削弱的结构弹性及观测弹性。大致来说，从这些显著集中区间内产生的断点中可以推断出可观测弹性，结构弹性的估测技术需要放大这些观测到的弹性，以在巴基斯坦的工薪阶层中，结构弹性约为观测弹性的 10 倍。虽然观测弹性会被最优化摩擦降低(optimization friction)，Kleven 和 Waseem(2013)估测到较小的结构弹性，因为存在那些不被极大的优化摩擦约束的纳税人，在断点不同寻常大的边际税率还是会导致纳税人显著的聚集行为。

注 释

① 参见 Weisbach(1999)对界限划分深刻的法学分析。

② 但是,请注意我们在第 12 章中讨论的电子数据管理系统的技术进步,可能会增加对不同商品差别税率进行管理的灵活度。

③ 在商品必须被分到几个税率组别时,Belan 等人(2008)提出了一个不同策略以更好地归集商品。

④ 箭有缺口!

⑤ Slemrod(1985)用 1977 年的纳税申报表情况进行的观察,在每级税率的临界点会出现聚集现象,他把这种现象解释为逃税的证据。

⑥ Ramnath(2013)提供证据表明,储蓄税收抵免导致了断点附近应税收入的聚集。

⑦ 有一个趣闻是这样的,一个人买了两个相邻的房屋,总面积在 120 平方米以下,然后他将其间的墙打通变为一所房屋,并没有向税务机关通知这个事情。

⑧ 这个讨论涉及了 Keen 和 Mintz(2004)提出的两个模型中的第二个模型。在第一个模型中,公司销售是外生因素,因此分界性规则(a cutoff rule)不会对产出决策造成扭曲[参见 Zee(2005)对该模型的扩充]。这两种模型都不同于 Dharmapala 的分析,Dharmapala 将净产品价格设为固定的(在小型开放经济中),假定一个外生的政府收入社会边际价值,并且不允许固定费用作为政策工具。

⑨ Auriol 和 Warlter(2005)也认为,在某些情况下,设置准入门槛可能是最优选择,但理由不同:准入门槛可以为现有符合条件的经营者产生租金,政府可以对这些人进行征税。

⑩ 国际税收对话论坛(International Tax Dialogue, 2007)讨论了每个公司的固定费用,又叫许可制度(a patente system),并将其作为推定税收制度的例子。如果企业在支付税收的时候产生了遵从成本,而不是管理成本,那么这一费用就不需要了,因为公司已经将这些成本内部化了。

⑪ 此外,人们大都支持一个更一般的概念,即不管在发达国家还是在发展中国家,公司规模大小的分布受到税收和规制措施的影响。Pagano 和 Schivardi (2003)证明了在欧洲国家的公司规模分布的巨大差异,并将其部分归因于税收和规制政策。Henrekon 和 Johansson(1999)发现,在瑞典,中等规模的企业(雇员在 10 人至 199 人之间)所占比例特别小,并结合税收和规制措施对大公司的优待,对这一现象进行了解释。

⑫ tachshiv 可以大致翻译为"标准评估指南",是指(正式地)以前以色列对自雇

人员的推定所得税制度(参见 Yitzhaki, 2007)。

⑬ 另一种方法是,由于 Dixit 和 Stiglitz(1977)提出将商品分组归类,同组商品具有良好的替代性,但不在组内的商品替代性差,在不同组间和组内都存在着替代品弹性。这一方法在理解国际贸易模式时是非常有用的,比如,参见 Krugman(1980)。

第Ⅳ部分

未来方向及结语

12 未来方向

12.1 信息技术的作用

我们在整本书中都在强调税收的核心是信息问题:谁拥有信息,政府获取更多信息要付出的成本,以及信息使用有哪些约束。从这一角度来看,持续的信息革命将会对税收制度产生深远的影响,事实也的确如此。对税务机关而言,计算机的使用有利于对数据的收集、追踪和分析,促进了现行税收制度的运行。技术的运用,也使纳税义务更容易建立在比以往更广泛的信息基础上。有一个最著名的例子就是芬兰和丹麦与收入挂钩的超速罚款。2002年,芬兰一个名叫菲恩(Finn)的千万富翁在限速每小时25英里的地区以50英里每小时的速度行驶,他面临的超速评估罚款是20万美元。① 有人说个性化消费税的实施可以通过发行智能卡来实现,消费者在购物时必须提供智能卡。只需刷一下卡就可以"告诉"收银机应该在税前价格的基础上适用的最高税率是多少。有人认为给智能卡的持卡人在标准的高税率上以折扣,可以鼓励智能卡的使用。当然,正如我们前面所提到的,这样的方案会遇到一些典型的问题,比如在管理法定饮酒年龄时,购买者不一定是消费者。我们目前掌握的技术还不能在商品实际消费的时候征税。然而,诸如医疗服务等一些交易不容易被自由市场力量所套利,似乎很适合用智能卡来实现个性化税收。② 在伦敦、新加坡和其他一些地区,技术已经实现了对高速公路和城市公路的收费。在以色列特拉维夫到耶路撒冷高速公路的一条快车道上，与拥堵程度挂钩的可变收费是通过电子化手段征收的，收费取决于在这条快车道和其他车道上实时的交通和驾驶时间。

将纳税义务建立在一个标签的基础上，这个标签与潜在的纳税能力相联系可以减少对扭曲性的累进税的依赖。这个概念是 Mankiw 和 Weinzierl (2010)提出的，他们借此讽刺了以身高为基础进行标签，再将此标签和征税挂钩的想法；身高与收入能力正相关。Logue 和 Slemrod(2008)提出纳税义应与可能会抑制收入的基因负相关，和天才基因正相关，应该知道这或许更容易仿照实现，而比在商品消费时点进行征税更易于执行。下面我们来讨论一下这个问题。

技术的作用并不是单向的，它同时也可以便利逃税。显然，我们对逃税中运用的先进的科技并不是那么了解。一款名为"zappers"的自动销售处理软件充分体现了技术在逃税中发挥的作用，这款逃税软件使简单(通过隐藏消费和收入)的税务欺诈变得非常容易，通过随机删除电子记录中的交易信息，逃避电子收款机现金销售的税收。Ainsworth(2008)提到，最近美国康乃迪克州发生的一起最大的税务欺诈案，也是全国最大的一起计算机逃税案，就是一起关于"zappers"逃税软件的案件。一家乳品店利用逃税软件少开了1 700 万美元的收据，将现金藏在加勒比海的圣马丁岛上。Ainsworth(2008)建议税务机关应该对税务软件进行认证。一个德国的工作组已经提议使用加密的智能卡来获取收银机隐藏的数据，税务机关在审计时可以通过密钥来读取收银机的数据记录，判断数据是否被篡改。③

12.1.1 销售税

在技术的驱动下，邮购特别是网购数量增长迅速，各州对通过网络在本州之外购买货物的征税也越来越重要。法律规定，消费者在另一个辖区购买的免税产品在本州使用需要缴纳销售税，但在实践中，这种被称为使用税的逃税率接近 100%。一些像电影、音乐之类的电子化交付产品出现了特殊的问题，因为法律上的纳税义务常常是不明确的。比如，如果在网上租部电影，通过免税地区的远程服务器进行观看，那么观看者在其所在州需要缴税吗？如果需要的话是应该比照他们在当地的实体店租电影来缴税吗？技术的创新扩大了产品的范围，这也给税务机关提出了新的挑战。立法者没有预见到许多新的数字产品的产生，这就默认了这些产品的免税地位，反过来促进未征税交易的增加（McLure, 2002）。

许多大型的零售商既有线上的交易，又在商品收货地有线下实体店，零售商需要作为线上交易的目的地税收缴纳的代理人，这极大了提高了州销售税的遵从率。但在各州之间甚至一州内部的销售税法规定各有不同的情况下，有人认为跨境零售商面临的遵从成本巨大。不仅仅是各州之间，各个城镇、乡村之间设定的销售税税率都不相同，各个辖区对应税商品的定义也经常有差别，使得跨州运营的公司必须掌握大量具体的税法规定和产品信息。像申报和缴税日期等报税要求也不统一，增加了企业的遵从成本。这种复杂性使得美国最高法院作出规定：只有在本州拥有物理存在的企业才需要向州政府缴纳销售税。作为回应，许多州参与了精简销售税倡议，这一项目旨在简化和协调税法，采用新型征税技术实现销售税征收的现代化，最终目标是促使国会立法允许各州对外地供应商征收零售税（Fox et al., 2008）。

诚然，技术进步在一定程度上缓解了不断增加的跨境交易和多样化的产品销售带来的复杂性，有助于税收遵从，比如条形码扫描器，使企业可以通过业务信息系统来管理大量的产品、税收和销售数据。从某种程度上来说，企业的信息管理系统追踪税收相关的信息大多是为了自己使用，复杂税法的边际成本可能比表面乍看之下要低。当州税务机关可以进入企业的信息系统时，审计成本也会大大降低。通过信息管理系统，所有的销售和购买信息都可以快速还原，实现电子检索，企业运作的复杂性不再是税收不遵从的主要障碍。

12.1.2 基因

以遗传属性来决定纳税义务听起来可能像科幻小说，但正如 Logue 和 Slemrod（2008）所言，为了禁止保险公司使用遗传信息，美国已经将一种遗传禀赋税收写入法律。将具有良好健康状况遗传基因的人们和基因易于产生健康状况不佳的人混在一起，其实是提供了一种本可以避免的隐性补贴，因为保险公司可以利用基因信息对不同投保人进行差别定价。假设健康状况不佳的人比健康状况良好的人的收入社会边际效用更高,那么这种交叉补贴从功利主义的角度来看是可取的。然而,随着个人越发意识到自己的基因属性,如果继续明令禁止保险公司使用基因信息,自由保险市场的个人选择很可能会导致市场的解体。

在这种情况下,政府将来会将转移性支出建立在基因信息的基础上,以消除私人健康保险市场中的不公平现象,虽然有一点牵强,但这似乎是合理的推测。但是健康状况只是人们福利的其中一个因素,因此识别出遗传属性和收入偏好的关系,就可以利用基因信息,使基于功利主义的转移支付更高效。正如我们讨论过的,转移支付以某种可测的、不变的、与福利水平相关的"标签"为基础,可以提高税收制度的效率。因为纳税人不会改变他们的标签,所以不会产生效率成本。通过利用这种标签,可以在一定程度上降低再分配的效率成本。

税收理论的潜在影响十分深远。Mirrlees(1971)的开创性文献中阐述了最优所得税,假设即使收入是完全可测的,但不论是后天努力还是先天能力所获得的收入,税务机关以任何成本都难以观测到。如果遗传属性与先天的收入能力关系密切,那么道德风险成本将大幅降低。然而,税收理论面临的技术挑战仍然是巨大的,因为能力并不是一维的,需要将许多以基因信息为潜在信号的个人特性映射为单一的或至少是简单的指数,这些基因信息包括了复杂的推理能力、毅力、诚信、团队合作能力等。

禀赋税(endowment tax)使得既定水平的再分配能以最低的效率成本实现,这对经济学家们而言很有吸引力,但这也招致一些人的批评,他们认为禀赋税会改变纳税人的职业选择,因为纳税人要支付其税收义务。但是任何税种都会带来收入效应,不清楚为何禀赋税的当事人更受这一问题的困扰。

12.1.3 纳税申报

第三方信息的使用很大程度上是为了减少逃税现象,但在一些国家已经被用于减轻纳税人履行纳税义务的负担。在斯堪的纳维亚国家,十几年来税务机关为纳税人提供格式化纳税申报表,申报表包含了税务机关通过第三方信息报告所知道的一切收入来源。纳税人在签署和提交预填申报表前需要作出必要的修正,添加税务机关不知道的收入来源,申报没有包含在表上的符合条件的扣除项，比如慈善捐款。对多数纳税人而言，需要自己添加的税务机关不知道的信息非常少(Bankman，2008)。

在美国，信息报告远远超出了工薪和利息收入的范围，还包括了一些不那么常见的收入来源，比如股息收入、公开交易证券的资本收益、特许权使用费、房地产和信托收入、养老金和年金，以及个人退休账户的分配收入。国内收入局掌握的信息可以帮助纳税人创建预填的纳税申报表，即使是许多高收入纳税人也不需要在表格上作出变动，这大大地降低了个人和税务代理人的税务成本。在美国，运用这种格式化的纳税申报表的一个最大障碍就是个人信息从第三方传达到个人和税务机关的时滞。目前规定，工资薪金的信息要在1月底之前告知个人，但在信息传递给政府之前这不是最终日期，信息向政府传递时首先要给社会保险管理局，然后再传递给联邦国内收入局，因此，在4月15号纳税申报的截止日以前IRS不能及时广泛地获取纳税人的工资薪金信息(Bankman，2008)。

即使假定可以采取行政措施来加快第三方信息传递，也有一些批评者认为格式化申报表的使用将会把人们从税收系统中分离出来，导致人们政治参与的减少。Bankman(2008)对这一观点提出了质疑，纳税申报表的填写大多涉及的是转录和计算，几乎不涉及纳税人对边际激励和税制公平性的认知。

Ventry(2011)赞成美国按照斯堪的纳维亚国家的做法来简化纳税申报。他提议建立一个由政府维护的安全数据库，通过"数据检索"平台，纳税人和报税员可以查看、访问和下载税收信息。多数纳税人还需要输入少量的额外信息。因为隐私保护限制了私人部门的企业集中大量的税收敏感信息，他认为政府应该作出统筹安排简化纳税申报。私人的税收预申报软件已经开始模仿政府提供的预填申报表，核对纳税人的电子支付凭证、银行账户记录、信用卡收据等。

12.2 隐私

长久以来，人们担心税款征收可能造成不当的隐私侵犯。这种担心也成为1799年英国引入第一个现代意义上的所得税时反对意见的主要理由。英国的税收制度下，纳税人向政府提供税务相关的信息，政府再转而为扣缴的雇主提供汇总扣除程度的代码，而不是决定扣除程度的具体个人情况。就像Facebook广泛使用的情况下，个人信息的可得性增强，纳税人和第三方提供的个人信息的可用性也增强，这使公民隐私的敏感性增强。公民可能希望税务机关有效地处理信息以降低执行成本，但很多人也对政府知道太多的私人信息保持警惕。美国人对这些问题似乎特别敏感，美国法律甚至严格禁止国内收入局和其他的政府机构进行信息共享，直到最近，才允许公布有限的用于研究目的的数据。在其他一些国家，人们对隐私问题显然不那么关心。在挪威和瑞典（以及2004年前的日本），应税收入、纳税义务以及应税财产是每个人（现在挪威有一些限制）都可以在网上查询的公开信息。在丹麦和瑞典，研究人员可以访问税收征管记录中的数据，包括但不限于所有居民的税收信息，不仅仅是样本信息。④在2008年，意大利税务当局曾简要地公布了2005年所有所得税申报单的信息，可以相信这一信息的披露将会帮助市民认识税收遵从，使逃税者蒙羞而增进其纳税遵从。

确实，纳税申报表格上大量个人信息的电子化储存极大地增加了数据泄露和破坏隐私的风险。目前，个人直接或通过专业税务代理人进行电子申报十分普遍，增加了黑客通过一些非法操作获取个人数据的几率。目前，普遍实行的企业承担信息报告功能也会造成对个人隐私的破坏。甚至美国国内收入局还必须防止电脑和储存设备丢失的问题。⑤

正如Schwartz(2008)和Lenter等人(2003)所讨论的，在美国，支持纳税信息隐私保护并不是一直以来都存在。本杰明·哈里森(Benjamin Harrision)总统是支持信息披露的有力倡导者，他认为公开信息减少了逃税的几率。在20世纪20年代的一段短暂的时间里，所得税纳税申报表信息是被公开披露的。1925年，主张废除所得税披露制度的美国财政部部长安德鲁·梅隆(Andrew Mellon)向国会提出了反对意见，他认为通过保密承诺，纳税人更有可能诚实地向政府披露信息。税收数据是否应该向政府披露，类似于关于代理人与客户保密责任的解释，都是有争议的。企业出于竞争的考虑不愿意披露会计信息，但是证券交易委员会对企业作出了强制性信息公开披露的要求，但这并不是出于税收方面的考虑。

不论公开披露是否可取，不论是出于审慎的考虑还是会造成数据泄露，随着科技的进步，纳税申报表上信息的特殊性会逐渐下降。房产税信息过去只能通过搜索纸质记录才能获得，检索信息的成本高昂，但现在大都可以通过网络查询，信用评级机构提供了人们信用状况的数字摘要，同时通过网络也可以搜索到隐藏的个人信息。

12.3 多个司法辖区的作用

在这本书里，大部分的内容讨论的是在一国之内的税收制度，但是随着信息技术的创新，全球化对未来的税收制度将会产生最深远的影响。辖区的不同或管辖范围重叠会引发许多有趣而重要的问题。一些问题人们已经能够很好地理解，比如在多个辖区之间的跨境收入溢出——垂直、横向或交叉溢出，以及税收竞争会导致次优的政策。[6]但也有一些关于跨境税收制度问题才刚开始研究。

其中一个方面是关于跨境的溢出效应，比如说存在不同消费税下的跨境购物，在这种情况下不同辖区的界线就是一个税收断点，同样的交易在界线的两边可能有不同的税收结果。因此可以推测，在边界附近销售活动、零售商的集聚，当地购买对销售税税率的反应可能没有向我们提供太多的消费对价格的反应信息。

我们在前文中曾断言，税收缴款的细节问题在多辖区的情况下可能更加明显，就算是税收缴款人不关心是哪个财政部门收取了税款，但政府作为其居民的代理人，显然不能忽视这个问题。税款应该缴纳给哪个政府不再是一个无足轻重的问题。

标准的税收竞争模型关注的是税率的设定，已经扩展到允许每个国家使用两种税收工具——税率和税收征收力度。在 Cremer 和 Gahvari(2000)的研究中，已经认识到税收执法政策是税收政策的一项独立工具，在税收竞争中发挥着重要的作用。一个重要的观点认为，每个国家都愿意在对税基采取次优的选择，因为由此带来的有效税率的降低会增加其境内的流动性税基。Peralta 等人(2006)分析了不对称国家之间进行的两阶段博弈，双方通过企业税率和税收执法的变化对一个跨国公司的利润征税展开竞争。在他们的分析中，税收执法是影响竞争国税率选择的战略手段。

经济行为涉及两个既有差异又相互联系的问题——真实交易发生地点和应税收入的地点。新投资的边际有效税率不仅取决于法定税率，还受到一些税法参数的影响，比如税法上的折旧率和投资税收抵免（如果有的话）。但最主要的还是法定税率影响了收入的跨国转移动机。跨境的收入转移可以用我们在第3章中的框架进行分析。

跨境收入转移的一个具体方面是它由国家政策内生形成——即所谓的避税地（tax havens）促进了收入的跨境转移。⑦避税地是一个不征税或只征收名义上的税收的司法管辖区，从而成为非居民逃避居住国纳税义务的一个地方。避税地之所以能够提供这样的服务，是因为纳税人从低税收中获益以后，避税地的法律或行政实践阻止了对纳税人信息进行有效交换。OECD(1998)的一份报告得出的结论是，"当别国向本国纳税人提供避税地或优惠制度，减少了本应征收的税收，造成本国税基被侵蚀时，政府应该站出来"，在报告中还提出了许多关于国内立法、税收条约以及国际合作方面的建议。在2000年，OECD公布了35个被称为"不合作的避税地"的国家名称，要求这些国家在一年内对税收制度进行根本性的改革，并扩大与税务机关的信息交换，否则将面临经济制裁。到2005年，几乎所有被列入黑名单的避税地都签署了OECD的谅解备忘录，同意信息透明和信息交换。

值得注意的是，这35个避税地国家规模都很小。他们的平均人口是28.4万，只有两个国家（利比里亚和巴拿马）的人口超过了100万，如果除去这两个国家的话，平均人口只有11.6万。尽管这35个国家在数量上占了全球国家总数的15%以上，他们的总人口仅占全球人口总数的0.15%（如果除去利比里亚和巴拿马的话，人口仅占世界总人口的0.058%）。这35个避税地国家中，有27个都是岛国。

到目前为止，我们的讨论关注的都是避税地运行的一个方面，即信息交换的不透明或者说信息保密，这是便利个人逃税的主要原因。许多避税港还帮助跨国公司（合法）运用金融交易和会计操作，将应纳税收入从高税率地区转移到低税率地区。⑧例如，利用低税收国家所谓的混合控股公司，通过向高税收国家的关联子公司提供贷款来产生利息减免。这些交易本身通常不涉及保密,虽然这类的收入转移通常被迷宫般复杂的业务关系和资金流所掩盖。这种行为通常不属于逃税行为,合法地利用了不同国家之间没有协调的税率,他们的行为没有被任一国家所预料到。

与政策制定者长期以来对避税地带来的消极影响的担心形成鲜明对比的是,最近的一些规范分析将重点放在了避税地进行收入转移的潜在的积极影响上。这一观点始于一个著名的结论,即在小型开放经济中,不应该对资本这类流动要素征收扭曲性的税收。[9]然而,有些国家对流动资本征收了扭曲性的税收,这些国家本应实施非扭曲性的税收制度,但由于某种原因不能明确地实施。大量近期的理论文献表明,避税地向这些国家提供了消除税收制度扭曲性的方法,是帮助这些国家的手段。例如,Hong 和 Smart(2010)认为,高税收国家的居民可以从与避税地相关的税收筹划中获益,因为这可以在留住跨国流动资本的情况下,对国内企业家征税(以一次性征收的方式)。对任一给定的法定税率而言,避税地的存在减少了跨国公司(而不是国内公司)的(扭曲性)有效边际税率。

有观点认为,许多国家自己无法明确区分流动资本和非流动资本的有效税率,应该将避税地作为克服这一问题的手段。但也必须要考虑到,事实上,非避税地国家的政府常常动用大量的资源来限制避税地交易对税收收入造成的影响。这一行为说明了可能出于政治原因,这些国家没有将避税港作为消除其外生的税收政策约束的手段。

Slemrod 和 Wilson(2009)在存在"寄生性"的避税地的条件下,建立了一个税收竞争模型,解释并证明了限制避税地收入转移活动的现有倡议。在这个模型中,企业参与避税地的税收筹划活动,政府努力执行本国的税收法律,避税地给企业和政府造成了资源的浪费。此外,避税地造成各国将税率降低到从所有国家综合来看有效率的水平之下,恶化了税收竞争问题。研究发现全部或部分消除避税港将会改善福利水平。的确,倡导消除部分而非所有避税地的举措,可以提高非避税地国家和剩下的避税地国家的福利水平。

Slemrod 和 Wilson(2009)模拟了一国要成为避税港的决策过程,通过这种方式证明小国更有可能成为避税地。这个模型将避税地视作法定企业家,出售的商品是保护纳税人免受本国税收的负担,这个例子又被 Palan

(2002)称为“国家主权商品化”。Slemrod(2008b)进一步讨论了国家主权商品化的观点,分析了避税地的形成,避税地对洗钱的促进作用,避税地发行“迎合性”邮票——国家专门为非居民集邮者发行,这也解释了为何猫王会出现在布基纳法索*的邮票上。分析表明,国家主权商业化更可能出现在这样的国家,这些国家往往很难通过其他方式提高收入,对有关诚信的商业化成本支持较少,不友好的活动和制裁相对较少。前面所讲的国家主权商业化的例子能够更直接地筹集收入(迎合性邮票和避税地),这对较为贫穷的国家来说更有吸引力;在相同的人均收入水平下,“迎合性”邮票的方式对农业化国家更具吸引力。当政府难以通过其他方式来筹集收入时,通过国家主权商业化来增加收入特别具有吸引力。制裁潜在影响的指标,比如旅游和贸易程度,不能解释助长洗钱和成为避税港的可能性。国外援助只会对迎合性邮票产生积极作用,这和以下观点是一致的,即相对其他两个活动而言,失去它的威胁抵消了由于它与需要有关而产生的其他积极影响。小国家更愿意成为避税港或发行迎合性邮票,这一发现和Slemord和Wilson(2009)的假说一致,即作为避税港的成本(而不是收益)与它的大小无关。

近来国际上限制税收竞争的动机,把人们的关注点从税率转移到了信息交换协议上,这有助于实施以居住为基础的税收制度。Keen和Ligthart(2006)讨论了这些安排的激励相容性。

最后,考虑在跨国的环境下,纳税义务的大小是法定的还是协商的。在一些国家,大型跨国公司的纳税义务并不是根据确定的税收规则计算的,而是和政府进行谈判,谈判的条款不限于纳税义务,还包括一些其他的公私合作方面,比如公司附近道路等设施的提供。这或许可以解释一个反常的现象。多年来日本的法定公司税税率显然高于美国,但尽管如此,净收入明显地流向日本而不是流出日本。如果在日本可以就税收与政府进行谈判而在美国则不能的话,那么这种在表面上会减少利润的行为选择可以得到解释,因为向日本政府交纳的税款暗含了其他商品或服务的购买,而向美国政府交纳的税款则不包含。

---

* 布基纳法索(Burkina Faso),西非的一个国家。——译者注

12.4 税收制度的经验

本书的一个重点是，对税制实证分析范围有着显著影响的多样化税收政策工具（multiple tax policy instuments）。我们感兴趣的不仅是人们对最高边际税率的行为反应，还包括人们对有关税基广度和税基执行的其他政策工具的反应。理论上来看，这不是问题。经济学专业对于估计多样商品和多重价格（含税价）下的需求系统已经有几十年的经验。但从实践来看，的确存在着一些困难。用计量经济学方法估计税率的效应存在一些共性的问题，例如税收工具可能存在内生性；减税可能随着经济的衰退而出现，税收征管放松也是如此。

当我们不再驻足于税率，而转向其他政策工具时，会发现一些特殊的问题。一些非税率的税收政策工具不容易量化，至少不容易以连续的方式进行量化。比如，对股息收入的信息报告是否作要求。但要注意的是，税率往往不像人们想象的那样容易测度，想想一个国家的法定公司税税率有累进的税率表、区域税率差异以及联邦以下税率。此外，对行为重要的是可感知的税收工具向量，越来越多的证据表明，人们的感知与税收工具的客观价值相去甚远，不管是对法定边际税率还是逃税行为被发现的可能性。

本书的另一个关注点是行为反应的多重边际（multiple margins of behavioral response），确切地说，就优先性而言，如何进行实证分析仍然存在争议。一方面，应税收入弹性（ETI或更一般来说，税基弹性）的相关文献传达出来的信息是，应税收入弹性能捕捉到所有反应的弹性，是边际额外负担的充分统计量，而且对行为反应的剖析没有进一步的探究方式能提供深入洞察。虽然其充分性的论证逻辑很有说服力，但它的局限性现在我们已经理解，这在第5章中已经讨论过。如果剖析行为反应的相关性，我们可以探求一个对多种税收工具作出的不同（补偿）反应的矩阵，其中交叉效应是关键，有效的相对价格可能取决于相关避税逃税的执行技术。为了实现整体最优，税收工具之间的相互作用是很重要的。要实现这一目标，需要多种税收政策工具的数据，但直到最近这一数据仍然很少。Dusek（2006）分析了所得税和其他税收收入代扣扣缴的影响，建议将随时间变化的美国的州数据作为识别的手段，这无疑是一条可以寻求的有前景的道路，因为它提供了比国家之间更同质化的辖区，同时有长的时间序列。另一个很有前景的情形是 Kopczuk 和 Pop-Eleches(2007)的研究，他们利用美国各州随时间变化的电子申报数据，研究发现电子申报对 EITC 参与有显著的影响，这种效应是由于电子申报给纳税服务行业带来的机会造成的。如第 10 章所述，Slemrod(2005)还利用了美国各州不同时期的所得税制的变化来检验是什么造成了税收的复杂性。

注释

① 可以说，这也是在税收中滥用技术的例子。在外部性的标准模型中，最优庇古税(optimal Pigovuian tax)是边际社会损害，这不太可能与司机的收入水平相关。

② Cowell(2008)对这些问题进行了讨论。

③ Working Group on Cash Registers: Interim Report March 16, 2005(in German)，参见 Ainsworth(2008)的引文。

④ 注意，因为只有在少数特定的国家才能获取征管数据，所以研究人员从少数特定国家的数据得出的一般性的行为反应结论可能存在风险(偏差)，可以说政府公开信息的意愿与人们对税收的行为反应的性质和程度是相关的。

⑤ 这一讨论借鉴了 Schwartz(2008)的观点。

⑥ 具体调查可参见 Wilson(1999)，Wilson 和 Wildasin(2004)。

⑦ 参见 Hines(2010)关于避税地的性质及其产生的政策问题的有关讨论。

⑧ 在这方面，某些非避税地国家的税收制度，比如像比利时和荷兰，也为跨国公司避税提供了便利[参见 Drucker (2013)]。

⑨ 例如，参见 Gordon(1986)。

13 结　语

税收制度、税制成本以及对税制的行为反应是多维度的。近年来，标准的税收分析只关注税率、超额负担和劳动供给的反应。狭窄的研究范围不能有效地产生重新确定研究方向的要求，因为所有的现代经济分析都依赖于我们所生活的现实世界的程式化模型。在这本书中，我们认为有充分的理由来扩宽标准的研究视角，即使分析的过程会变得复杂。

我们希望这本书可以解释在书开头描述的税收现象。下面我们重复这一系列现象，并对这些现象反映的一般问题进行注解。

- 一种新型机动三轮车后面有长凳子最多可容纳 8 名乘客，一种重新设计的小型货车装置了玻璃窗，后面没有使用木板和软座，这都是税收诱致的产品创新例子。
- 对餐馆来说，所得税并不是基于收入而是根据座位面积和餐桌数量而定。这是在使用一种和收入相关且更容易测度的替代税基。
- 对规模低于一定值的小规模企业采用简化的税收规则或者根本不征税，节约了行政成本，但也造成了生产无效率，虽然 Diamond 和 Mirrlees(1971) 对此持反对态度，但这种方式或许是最优的。
- 税务机关的预算每增加 1 美元会产生额外 7.30 美元的税收收入，但这并不能说明增加税务部门预算是明智之举：将实际资源和从私人部门转移到公共部门的收入进行比较，就好比将苹果和橘子放在一起进行比较，是没有可比性的。

- 超过150个国家征收增值税，其中许多国家的税率远远高于10%，但没有一个国家的零售税税率在10%以上，这证明了税收缴款细节问题的重要性，并且非常重要。
- 有限的税款预扣和信息报告导致自雇人员（特别是通过现金进行交易的）的税收遵从程度最低。
- 美国公司在波多黎各的电子、制药、奢侈品生产领域进行了大量的直接投资，这是因为在那里开展直接的业务可以帮助公司将收入转移到低税收的波多黎各，降低了直接投资的真实有效税率。

研究的一个结论是，在大多数情况下，可以深入应用标准的公共经济学理论工具，虽然无法圆满地从形式上整合人们关注的横向公平还是一个问题。鉴于公司在税收征收中的现实重要性，在生产规模存在异质性的现实情况下，税制理论需要超越规模报酬不变的生产模型。由于信息收集是税制的核心，因而将信息理论和税收理论的深度融合将成为税收研究的"圣杯"(Holy Grail)。

在寻找"圣杯"中，我们的分析必须超越第一波最优税收理论研究所假设的一些信息政府能够无成本的完全获取，另一些信息政府不能获取（或者是信息获取成本无限大）。信息的搜集和核实成本很高，通常至少要占所征收入的10%，即使投入了很多的征管资源，发达国家的税收流失仍然是巨大的，在发展中国家更是如此。在现实的税收世界中，税收相关信息的获得情况大都处于上述两个极端情况之间：信息是可以观察到的，但观察到的信息会存在着不同程度的错误，信息的质量很大程度上取决于所运用的征管手段的类型。

政策制定者应识别税率、税基、征收方式和行政管理之间的相互关系。有许多其他的可选方式可以增加税收收入，其成本的类型也是多种多样的，一些出现在政府预算中而一些没有出现，并且一项税收工具的使用成本往往取决于其他税收工具的设置。认识到税收政策(tax policy)是实际的税制政策(tax-system policy)，可以避免重大的政策错误，比如由于既有（次优）税基狭窄而放弃税率的提高，又如误将对政策变化的短期反应看作长期的行为反应。

弗兰克·哈恩(Frank Hahn)曾经提出："最优税收的公式要么就是行动

指南，要么什么都不是”。[①]有关文献中对信息的程式化处理，使得人们对税制的后果及其合理的设计有了深刻的认识。我们相信，完成这项任务的重要的下一步工作是继续本书中所讨论问题的研究。

注　释

① Hahn(1973，p.106)。

参考文献

Agell, Jonas, and Mats Persson. 2000. Tax arbitrage and labor supply. *Journal of Public Economics* 78 (1–2): 3–24.

Agha, Ali, and Jonathan Haughton. 1996. Designing VAT systems: Some efficiency considerations. *Review of Economics and Statistics* 78 (2): 303–308.

Agrawal, David R. 2011. The tax gradient: Do local sales taxes reduce tax differentials at state borders? Working paper. University of Michigan.

Ainsworth, Richard T. 2008. Zappers: Technology-assisted tax fraud, SSUTA, and the encryption solutions. *Tax Lawyer* 61 (4): 1075–1110.

Akerlof, George A. 1978. The economics of "tagging" as applied to the optimal income tax, welfare programs, and manpower planning. *American Economic Review* 68 (1): 8–19.

Allingham, Michael G., and Agnar Sandmo. 1972. Income tax evasion: A theoretical analysis. *Journal of Public Economics* 1 (3–4): 323–38.

Alm, James, Betty R. Jackson, and Michael McKee. 1992. Estimating the determinants of taxpayer compliance with experimental data. *National Tax Journal* 45 (1): 107–14.

Alm, James, Betty R. Jackson, and Michael McKee. 1993. Fiscal exchange, collective decision institutions, and tax compliance. *Journal of Economic Behavior and Organization* 22 (3): 285–303.

Alm, James, and Leslie A. Whittington. 1999. For love or money? The impact of income taxes on marriage. *Economica* 66 (263): 297–316.

Alt, James. 1983. The evolution of tax structures. *Public Choice* 41 (1): 181–222.

Andreoni, James, Brian Erard, and Jonathan Feinstein. 1998. Tax compliance. *Journal of Economic Literature* 36 (2): 818–60.

Artavanis, Nikolaos, Adair Morse, and Margarita Tsoutsoura. 2012. Tax evasion across industries: Soft credit evidence from Greece. Working paper. Booth School of Business, University of Chicago.

Atkinson, Anthony B., and Joseph E. Stiglitz. 1980. *Lectures on Public Economics*. New York: McGraw-Hill.

Auerbach, Alan J. 1985. The theory of excess burden and optimal taxation. In Alan J. Auerbach and Martin Feldstein, eds., *Handbook of Public Economics*, vol. 1. Amsterdam: Elsevier, 61–127.

Auerbach, Alan J., and Kevin A. Hassett. 2002. A new measure of horizontal equity. *American Economic Review* 92 (4): 1116–25.

Auriol, Emmanuelle, and Michael Warlters. 2005. Taxation base in developing countries. *Journal of Public Economics* 89 (4): 625–46.

Auten, Gerald, and Robert Carroll. 1999. The effect of income taxes on household behavior. *Review of Economics and Statistics* 81 (4): 681–93.

Bakija, Jon, and Bradley Heim. 2011. How does charitable giving respond to incentives and income? New estimates from panel data. *National Tax Journal* 64 (2, pt. 2): 35–50.

Baldry, Jonathan C. 1979. Tax evasion and labor supply. *Economics Letters* 3 (1): 53–56.

Baldry, Jonathan C. 1987. Income tax evasion and the tax schedule: Some experimental results. *Public Finance* 42 (3): 357–83.

Ballard, Charles L., John B. Shoven, and John Whalley. 1985. General equilibrium computations of the marginal welfare costs of taxes in the United States. *American Economic Review* 75 (1): 128–38.

Bankman, Joseph. 2008. Using technology to simplify individual tax filing. *National Tax Journal* 61 (4, pt. 2): 773–89.

Baron, Jonathan, and Edward J. McCaffery. 2003. The Humpty Dumpty blues: Disaggregation bias in the evaluation of tax systems. *Organizational Behavior and Human Decision Processes* 91 (2): 230–42.

Bartelsman, Eric J., and Roel M. W. J. Beetsma. 2003. Why pay more? Corporate tax avoidance through transfer pricing in OECD countries. *Journal of Public Economics* 87 (9–10): 2225–52.

Barzel, Yoram. 1976. An alternative approach to the analysis of taxation. *Journal of Political Economy* 84 (6): 1177–97.

Becker, Gary S. 1968. Crime and punishment: An economic approach. *Journal of Political Economy* 76 (2): 169–217.

Belan, Pascal, Stéphane Gauthier, and Guy Laroque. 2008. Optimal grouping of commodities for indirect taxation. *Journal of Public Economics* 92 (7): 1738–50.

Benshalom, Ilan. 2012. Taxing cash. *Columbia Journal of Tax Law* 4 (1): 65–93.

Beron, Kurt J., Helen V. Tauchen, and Ann Dryden Witte. 1992. The effect of audits and socioeconomic variables on compliance. In Joel Slemrod, ed., *Why People Pay Taxes*. Ann Arbor: University of Michigan Press, 67–89.

Bhargava, Saurabh, and Dayanand S. Manoli. 2011. Why are benefits left on the table? Assessing the role of information, complexity, and stigma on take-up with an IRS field experiment. Working paper. University of California, Los Angeles.

Bigio, Saki, and Eduardo Zilberman. 2011. Optimal self-employment income tax enforcement. *Journal of Public Economics* 95 (9–10): 1021–35.

Bird, Richard M. 1983. Income tax reform in developing countries: The administrative dimension. *Bulletin for International Fiscal Documentation* 37: 3–14.

Bird, Richard M. 2002. Why tax corporations? *Bulletin for International Fiscal Documentation* 56 (5): 194–203.

Blinder, Alan S., and Harvey S. Rosen. 1985. Notches. *American Economic Review* 75 (4): 736–47.

Blumenthal, Marsha, Charles Christian, and Joel Slemrod. 2001. Do normative appeals affect tax compliance? Evidence from a controlled experiment in Minnesota. *National Tax Journal* 54 (1): 125–38.

Blumkin, Tomer, Bradley J. Ruffle, and Yosef Ganun. 2012. Are income and consumption taxes ever really equivalent? Evidence from a real-effort experiment with real goods. *European Economic Review* 56 (6): 1200–19.

Blundell, Richard, Alan Duncan, Julian McCrae, and Costas Meghir. 2000. The labour market impact of the working families' tax credit. *Fiscal Studies* 21 (1): 75–104.

Boadway, Robin, and Motohiro Sato. 2000. The optimality of punishing only the innocent: The case of tax evasion. *International Tax and Public Finance* 7 (6): 641–64.

Border, Kim C., and Joel Sobel. 1987. Samurai accountant: A theory of auditing and plunder. *Review of Economics and Statistics* 54 (4): 525–40.

Braithwaite, Valerie A. 2003. A new approach to tax compliance. In Valerie A. Braithwaite, ed., *Taxing Democracy: Understanding Tax Avoidance and Evasion*. Burlington, VT: Ashgate, 1–14.

Breusch, Trevor. 2005. Estimating the underground economy using MIMIC models. Econometrics working paper 0507003. EconWPA. Australian National University.

Burman, Leonard E., and William C. Randolph. 1994. Measuring permanent responses to capital-gains tax changes in panel data. *American Economic Review* 84 (4): 794–809.

Calabresi, Guido. 1970. *The Cost of Accidents: A Legal and Economic Analysis*. New Haven: Yale University Press.

Carrillo, Paul E., M. Shahe Emran, and Anita Rivadeneira. 2012. Do cheaters bunch together? Profit taxes, withholding rates and tax evasion. Working paper. George Washington University.

Casanegra de Jantscher, Milka. 1990. Administering the VAT. In Malcolm Gillis, Carl S. Shoup, and Gerardo Sicat, eds., *Value-Added Taxation in Developing Countries*. Washington, DC: World Bank, 171–79.

Cashin, David. 2012. The intertemporal substitution and income effects of a GST rate increase: Evidence from New Zealand. Working paper. University of Michigan.

Cashin, David, and Takashi Unayama. 2011. The intertemporal substitution and income effects of a VAT rate increase: Evidence from Japan. Discussion paper 11045. Research Institute of Economy, Trade and Industry, Tokyo.

Chen, Kong-Ping, and C. Y. Cyrus Chu. 2005. Internal control vs. external manipulation: A model of corporate income tax evasion. *RAND Journal of Economics* 36 (1): 151–64.

Chetty, Raj. 2009. Is the taxable income elasticity sufficient to calculate deadweight loss? The implications of evasion and avoidance. *American Economic Journal: Economic Policy* 1 (2): 31–52.

Chetty, Raj. 2012. Bounds on elasticities with optimization frictions: A synthesis of micro and macro evidence on labor supply. *Econometrica* 80 (3): 969–1018.

Chetty, Raj, Adam Looney, and Kory Kroft. 2009. Salience and taxation: Theory and evidence. *American Economic Review* 99 (4): 1145–77.

Chetty, Raj, and Emmanuel Saez. 2013. Teaching the tax code: Earnings responses to an experiment with EITC recipients. *American Economic Journal: Applied Economics* 5 (1): 1–31.

Christensen, Kevin, Robert Cline, and Tom Neubig. 2001. Total corporate taxation: "Hidden," above-the-line, non-income taxes. *National Tax Journal* 54 (3): 495–506.

Christian, Charles W. 1993/94. Voluntary compliance with the individual income tax: Results from the 1988 TCMP Study Publication 1500 (Rev. 9–94), Washington, DC: Internal Revenue Service.

Clausing, Kimberly. 2003. Tax-motivated transfer pricing and U.S. intrafirm trade prices. *Journal of Public Economics* 87 (9–10): 2207–23.

Clausing, Kimberly, Leonard Burman, and John O'Hare. 1994. Tax reform and realizations of capital gains in 1986. *National Tax Journal* 47 (1): 1–18.

Clotfelter, Charles. 1983. Tax evasion and tax rates: An analysis of individual returns. *Review of Economics and Statistics* 65 (3): 363–73.

Coase, Ronald H. 1937. The nature of the firm. *Economica* 4 (16): 386–405.

Cole, Adam J. 2009. Sales tax holidays: Timing behavior and tax incidence. Working paper. University of Michigan.

Corlett, W. J., and D. C. Hague. 1953. Complementarity and the excess burden of taxation. *Review of Economic Studies* 21 (1): 21–30.

Cowell, Frank A. 2008. Problems and promise of smart cards in taxation. *National Tax Journal* 61 (4, pt. 2): 865–82.

Cremer, Helmuth, and Firouz Gahvari. 1994. Tax evasion, concealment and the optimal linear income tax. *Scandinavian Journal of Economics* 96 (2): 219–39.

Cremer, Helmuth, and Firouz Gahvari. 2000. Tax evasion, fiscal competition and economic integration. *European Economic Review* 44 (9): 1633–57.

Crocker, Keith, and Joel Slemrod. 2005. Corporate tax evasion with agency costs. *Journal of Public Economics* 89 (9–10): 1593–1610.

Daunton, Martin. 1998. Trusting Leviathan: British fiscal administration from the Napoleonic wars to the Second World War. In Valerie Braithwaite and Margaret Levi, eds., *Trust and Governance*. New York: Russell Sage Foundation, 102–34.

de Mooij, Ruud A., and Gaëtan Nicodème. 2008. Corporate tax policy and incorporation in the EU. *International Tax and Public Finance* 15 (4): 478–98.

Deaton, Angus. 1987. Econometric issues in tax design for developing countries. In David Newbery and Nicholas Stern, eds., *The Theory of Taxation for Developing Countries*. Oxford: Oxford University Press, 92–113.

Delli Carpini, Michael X., and Scott Keeter. 1996. *What Americans Know About Politics and Why It Matters*. New Haven: Yale University Press.

Demirgüc-Kunt, Asli, and Harry Huizinga. 2001. The taxation of domestic and foreign banking. *Journal of Public Economics* 79 (3): 429–53.

Dharmapala, Dhammika, Joel Slemrod, and John D. Wilson. 2011. Tax policy and the missing middle: Optimal tax remittance with firm-level administrative costs. *Journal of Public Economics* 95 (9–10): 1036–47.

Diamond, Peter A., and James A. Mirrlees. 1971. Optimal taxation and public production I: Production efficiency. *American Economic Review* 61 (1): 8–27.

Dickert-Conlin, Stacy, and Amitabh Chandra. 1999. Taxes and the timing of births. *Journal of Political Economy* 107 (1): 161–77.

Dixit, Avinash K., and Joseph E. Stiglitz. 1977. Monopolistic competition and optimum product diversity. *American Economic Review* 67 (3): 297–308.

Djankov, Simeon, Rafael La Porta, Florencio Lopez de Silanes, and Andrei Shleifer. 2002. The regulation of entry. *Quarterly Journal of Economics* 117 (1): 1–37.

Domar, Evsey D., and Richard A. Musgrave. 1944. Proportional income taxation and risk-taking. *Quarterly Journal of Economics* 58 (3): 388–422.

Douglas, Roy. 1999. *Taxation in Britain since 1660*. Houndmills, Basingstoke, UK: Palgrave Macmillan.

Drucker, Jesse. 2013. Yahoo, Dell Swell Netherlands' $13 trillion tax haven. Bloomberg. January 23. Available at: www.bloomberg.com/news/2013-01-23/yahoo-dell-swell-netherlands-13-trillion-tax-haven.html.

Dušek, Libor. 2006. Are efficient taxes responsible for big government? Evidence from tax withholding. Working paper. CERGE-EI.

The Economist. 2012. Wake up and smell the coffee. *The Economist*. December 15.

Erard, Brian, and Chih-Chin Ho. 2003. Explaining the U.S. income tax compliance continuum. *eJournal of Tax Research* 1 (2): 93–109.

Everson, Mark. 2005. Testimony given to the President's Advisory Panel on Federal Tax Reform, March 3, Available at: govinfo.library.unt.edu/taxreformpanel/meetings/meeting-03032005.html.

Farnsworth, Albert. 1951. *Addington, Author of the Modern Income Tax*. London: Stevens and Sons.

Feige, Edgar L. 1989. Monetary methods of estimating informal activity in developing nations. In Alois Wenig and Klaus F. Zimmerman, eds., *Demographic Change and Economic Development*. Berlin: Springer Verlag, 211–32.

Feinstein, Jonathan. 1991. An econometric analysis of income tax evasion and its detection. *RAND Journal of Economics* 22 (1): 14–35.

Feld, Lars P., and Bruno S. Frey. 2002. Trust breeds trust: How taxpayers are treated. *Economics of Governance* 3 (2): 87–99.

Feldman, Naomi E., and Peter Katuščák. 2006. Should the average tax rate be marginalized? Working paper. CERGE-EI.

Feldman, Naomi E., and Joel Slemrod. 2007. Estimating tax noncompliance with evidence from unaudited tax returns. *Economic Journal* 117 (518): 327–52.

Feldman, Naomi E., and Joel Slemrod. 2009. War and taxation: When does patriotism overcome the free-rider impulse? In Isaac William Martin, Ajay K. Mehotra, and Monica

Prasad, eds., *The New Fiscal Sociology: Taxation in Comparative and Historical Perspective*. Cambridge, UK: Cambridge University Press, 138–54.

Feldstein, Martin S. 1972. Distributional equity and the optimal structure of public pricing. *American Economic Review* 62 (1): 32–36.

Feldstein, Martin S. 1976. On the theory of tax reform. *Journal of Public Economics* 6 (1–2): 77–104.

Feldstein, Martin S. 1995. The effect of marginal tax rates on taxable income: A panel study of the 1986 Tax Reform Act. *Journal of Political Economy* 103 (3): 551–72.

Feldstein, Martin S. 1999. Tax avoidance and the deadweight loss of the income tax. *Review of Economics and Statistics* 81 (4): 674–80.

Feldstein, Martin S., and Daniel Feenberg. 1996. The effect of increased tax rates on taxable income and economic efficiency: A preliminary analysis of the 1993 tax rate increases. In James Poterba, ed., *Tax Policy and the Economy*, vol. 10. Cambridge: MIT Press, 89–117.

Fellner, Gerlinde, Rupert Sausgruber, and Christian Traxler. 2013. Testing enforcement strategies in the field: Legal threat, moral appeal and social information. *Journal of the European Economic Association* 11 (3): 634–60.

Finkelstein, Amy. 2009. EZ tax: Tax salience and tax rates. *Quarterly Journal of Economics* 124 (3): 969–1010.

Fox, William F., LeAnn Luna, and Matthew N. Murray. 2008. The SSTP and technology: Implications for the future of the sales tax. *National Tax Journal* 61 (4, pt. 2): 823–41.

Frey, Bruno S. 1997. A constitution for knaves crowds out civic virtues. *Economic Journal* 107 (443): 1043–53.

Gabaix, Xavier, and David Laibson. 2006. Shrouded attributes, consumer myopia, and information suppression in competitive markets. *Quarterly Journal of Economics* 121 (2): 505–40.

Garibaldi, Pietro, Lia Pacelli, and Andrea Borgarello. 2004. Employment protection legislation and the size of firms. *Giornale degli Economisti* 63 (1): 33–68.

Garrod, Luke. 2007. Price transparency and consumer naivety in a competitive market. Working paper 07–10. Centre for Competition Policy, University of East Anglia.

Gauthier, Bernard, and Mark Gersovitz. 1997. Revenue erosion through exemption and evasion in Cameroon, 1993. *Journal of Public Economics* 64 (3): 407–24.

Gillitzer, Christian, and Peer Ebbesen Skov. 2013. A gift to the tax man: Evidence on unclaimed charitable contributions from the introduction of third-party information reporting in Denmark. Working paper. University of Michigan.

Goldin, Jacob. 2012. Optimal tax salience. Working paper. Princeton University.

Goode, Richard. 1968. The tax burden in the United States and other countries. *Annals of the American Academy of Political and Social Science* 379 (1): 83–93.

Goolsbee, Austan. 2000. What happens when you tax the rich? Evidence from executive compensation. *Journal of Political Economy* 108 (2): 352–78.

Gordon, Roger H. 1985. Taxation of corporate capital income: Tax revenues versus tax distortions. *Quarterly Journal of Economics* 100 (1): 1–27.

Gordon, Roger H. 1986. Taxation of investment and savings in a world economy. *American Economic Review* 76 (5): 1086–1102.

Gordon, Roger H., and Wei Li. 2009. Tax structures in developing countries: Many puzzles and a possible explanation. *Journal of Public Economics* 93 (7–8): 855–66.

Gordon, Roger H., and Joel Slemrod. 1988. Do we collect any revenue from taxing capital income? In Lawrence Summers, ed., *Tax Policy and the Economy,* vol. 2. Cambridge, MA: National Bureau of Economic Research, 89–130.

Gordon, Roger H., and Joel Slemrod. 2000. Are "real" responses to taxes simply income shifting between corporate and personal tax bases? In Joel Slemrod, ed., *Does Atlas Shrug? The Economic Consequences of Taxing the Rich.* New York: Russell Sage Foundation and Cambridge: Harvard University Press, 240–80.

Gordon, Roger H., and John D. Wilson. 1989. Measuring the efficiency cost of taxing risky capital income. *American Economic Review* 79 (3): 427–39.

Gorman, William M. 1980. A possible procedure for analysing quality differentiation in the egg market. *Review of Economic Studies* 47 (5): 843–56.

Gorodnichenko, Yuriy, Jorge Martinez-Vazquez, and Klara Sabirianova Peter. 2009. Myth and reality of flat tax reform: Micro estimates of tax evasion response and welfare effects in Russia. *Journal of Political Economy* 117 (3): 504–54.

Graetz, Michael J., Jennifer F. Reinganum, and Louis L. Wilde. 1986. The tax compliance game: Toward an interactive theory of tax enforcement. *Journal of Law, Economics, and Organization* 2 (1): 1–32.

Graetz, Michael J., and Ian Shapiro. 2005. *Death by a Thousand Cuts: The Fight over Taxing Inherited Wealth.* Princeton: Princeton University Press.

Gruber, Jonathan, and Emmanuel Saez. 2002. The elasticity of taxable income: Evidence and implications. *Journal of Public Economics* 84 (1): 1–32.

Grubert, Harry, and John Mutti. 1991. Taxes, tariffs and transfer pricing in multinational corporate decision making. *Review of Economics and Statistics* 73 (2): 285–93.

Grubert, Harry, and Joel Slemrod. 1998. The effect of taxes on investment and income shifting to Puerto Rico. *Review of Economics and Statistics* 80 (3): 365–73.

Hahn, Frank. 1973. On optimum taxation. *Journal of Economic Theory* 6 (1): 96–106.

Hall, Robert E., and Alvin Rabushka. 2007. *The Flat Tax.* Palo Alto, CA: Hoover Institution Press.

Hanlon, Michelle, Lillian Mills, and Joel Slemrod. 2007. An empirical examination of corporate tax noncompliance. In Alan Auerbach, James R. Hines Jr., and Joel Slemrod, eds., *Taxing Corporate Income in the 21st Century.* Cambridge, UK: Cambridge University Press, 171–210.

Hanlon, Michelle, and Joel Slemrod. 2009. What does tax aggressiveness signal? Evidence from stock price reactions to news about tax shelter involvement. *Journal of Public Economics* 93 (1–2): 126–41.

Hanousek, Jan, and Filip Palda. 2004. Quality of government services and the civic duty to pay taxes in the Czech and Slovak Republics, and other transition countries. *Kyklos* 57 (2): 237–52.

Harberger, Arnold. 1995. Tax lore for budding reformers. In Rudiger Dornbusch and Sebastian Edwards, eds., *Reform, Recovery, and Growth: Latin America and the Middle East*. Chicago: University of Chicago Press/NBER, 291–310.

Harris, David, Randall Morck, Joel Slemrod, and Bernard Yeung. 1993. Income shifting in U.S. multinational corporations. In Alberto Giovannini, R. Glenn Hubbard, and Joel Slemrod, eds., *Studies in International Taxation*. Chicago: University of Chicago Press, 277–302.

Hasegawa, Makoto, Jeffrey Hoopes, Ryo Ishida, and Joel Slemrod. 2013. The effect of public disclosure on reported taxable income: Evidence from individuals and corporations in Japan. Working paper. University of Michigan.

Heller, Walter Perrin, and Karl Shell. 1974. On optimal taxation with costly administration. *American Economic Review* 64 (2): 338–45.

Henrekson, Magnus, and Dan Johansson. 1999. Institutional effects on the evolution of the size distribution of firms. *Small Business Economics* 12 (1): 11–23.

Hettich, Walter, and Stanley L. Winer. 1999. *Democratic Choice and Taxation: A Theoretical and Empirical Analysis*. Cambridge, UK: Cambridge University Press.

Hines, James R., Jr. 1999. Lessons from behavioral responses to international taxation. *National Tax Journal* 52 (2): 305–22.

Hines, James R., Jr. 2010. Treasure islands. *Journal of Economic Perspectives* 24 (4): 103–25.

Hines, James R., Jr., and Eric M. Rice. 1994. Fiscal paradise: Foreign tax havens and American business. *Quarterly Journal of Economics* 109 (1): 149–82.

Hinrichs, Harley. 1966. *A General Theory of Tax Structure Change during Economic Development*. Cambridge: Harvard Law School.

HM Revenue and Customs. 2011. Measuring tax gaps 2011. http://www.hmrc.gov.uk/stats/measuring-tax-gaps.htm.

Hong, Qing, and Michael Smart. 2010. In praise of tax havens: International tax planning and foreign direct investment. *European Economic Review* 54 (1): 82–95.

Hotelling, Harold. 1929. Stability in competition. *Economic Journal* 39 (153): 41–57.

Humphrey, David B. 2004. Replacement of cash by cards in U.S. consumer payments. *Journal of Economics and Business* 56 (3): 211–25.

Hurst, Erik, Geng Li, and Benjamin Pugsley. Forthcoming. Are household surveys like tax forms: Evidence from income underreporting of the self-employed. *Review of Economics and Statistics*.

Ickes, Barry, and Joel Slemrod. 1992. Tax implementation issues in the transition from a planned economy. *Public Finance/Finance Publique* 47 (suppl.): 384–99.

Internal Revenue Service, US Department of the Treasury. 2012a. *Internal Revenue Manual*. Available at: www.irs.gov/irm/part20/index.html.

Internal Revenue Service, US Department of the Treasury. 2012b. *Internal Revenue Service Data Book, 2011*. Publication 55B. Washington, DC.

Internal Revenue Service, US Department of the Treasury. 2012c. *The Tax Gap*. Available at: www.irs.gov/newsroom/article/0,id=158619,00.html.

Internal Revenue Service Oversight Board, US Department of the Treasury. 2006. *2005 Taxpayer Attitude Survey*. Available at: www.treasury.gov/irsob/releases/2006/02212006.pdf.

International Tax Dialogue, with input from the staff of the International Monetary Fund, Inter-American Development Bank, OECD, and the World Bank. 2007. Taxation of small and medium enterprises. Background paper. International Tax Dialogue Conference, Buenos Aires.

Johannesen, Niels, and Gabriel Zucman. Forthcoming. The end of bank secrecy? An evaluation of the G20 tax haven crackdown. *American Economic Journal: Economic Policy*.

Johns, Andrew, and Joel Slemrod. 2010. The distribution of income tax noncompliance. *National Tax Journal* 63 (3): 397–418.

Jones, Damon. 2012. Inertia and overwithholding: Explaining the prevalence of income tax refunds. *American Economic Journal: Economic Policy* 4 (1): 158–85.

Joulfaian, David. 2000. Corporate income tax evasion and managerial preferences. *Review of Economics and Statistics* 82 (4): 698–701.

Kaplow, Louis. 1989. Horizontal equity: Measures in search of a principle. *National Tax Journal* 42 (2): 139–54.

Kaplow, Louis. 1990. Optimal taxation with costly enforcement and evasion. *Journal of Public Economics* 43 (2): 221–36.

Kaplow, Louis. 1996. How tax complexity and enforcement affect the equity and efficiency of the income tax. *National Tax Journal* 49 (1): 135–50.

Kaplow, Louis. 1998. Accuracy, complexity, and the income tax. *Journal of Law, Economics, and Organization* 14 (1): 61–83.

Kaplow, Louis. 2001. Horizontal equity: New measures, unclear principles (commentary). In Kevin A. Hassett and R. Glenn Hubbard, eds., *Inequality and Tax Inequality and Tax Policy*. Washington, DC: American Enterprise Institute, 75–97.

Kaplow, Louis, and Steven Shavell. 2001. Any non-welfarist method of policy assessment violates the Pareto principle. *Journal of Political Economy* 109 (2): 281–86.

Kawano, Laura, and Joel Slemrod. 2012. The effect of tax rates and tax bases on corporate tax revenues: Estimates with new measures of the corporate tax base. Working paper. University of Michigan.

Keen, Michael, and Jenny E. Ligthart. 2006. Incentives and information exchange in international taxation. *International Tax and Public Finance* 13 (2–3): 163–80.

Keen, Michael, and Jack Mintz. 2004. The optimal threshold for a value-added tax. *Journal of Public Economics* 88 (3–4): 559–76.

Kesselman, Jonathan R. 1989. Income tax evasion: An intersectoral analysis. *Journal of Public Economics* 38 (2): 137–82.

Kim, Hyeong Min, and Luke Kachersky. 2006. Dimensions of price salience: A conceptual framework for perceptions of multi-dimensional prices. *Journal of Product and Brand Management* 15 (2): 139–47.

Kimball, Miles S. 1990. Precautionary saving in the small and in the large. *Econometrica* 58 (1): 53–73.

Kimball, Miles S., Claudia R. Sahm, and Matthew D. Shapiro. 2008. Imputing risk tolerance from survey responses. *Journal of the American Statistical Association* 103 (483): 1028–38.

King, Mervyn A. 1983. An index of inequality: With applications to horizontal equity and social mobility. *Econometrica* 51 (1): 99–115.

Kirchler, Erich. 2007. *The Economic Psychology of Tax Behaviour*. Cambridge, UK: Cambridge University Press.

Klepper, Steven, and Daniel Nagin. 1989. The anatomy of tax evasion. *Journal of Law, Economics, and Organization* 5 (1): 1–24.

Kleven, Henrik J., Martin B. Knudsen, Claus T. Kreiner, Soren Pedersen, and Emmanuel Saez. 2011. Unwilling or unable to cheat? Evidence from a tax audit experiment in Denmark. *Econometrica* 79 (3): 651–92.

Kleven, Henrik J., and Wojciech Kopczuk. 2011. Transfer program complexity and the take up of social benefits. *American Economic Journal: Economic Policy* 3 (1): 54–90.

Kleven, Henrik J., Claus T. Kreiner, and Emmanuel Saez. 2009. Why can modern governments tax so much? An agency model of firms as fiscal intermediaries. Working paper 15218. NBER.

Kleven, Henrik J., and Joel Slemrod. 2011. A characteristics approach to optimal taxation and tax-driven product innovation. Working paper. University of Michigan.

Kleven, Henrik J., and Mazhar Waseem. 2013. Using notches to uncover optimization frictions and structural elasticities: Theory and evidence from Pakistan. *Quarterly Journal of Economics* 128 (2): 669–723.

Konrad, Kai A., and Salmai Qari. 2012. The last refuge of a scoundrel? Patriotism and tax compliance. *Economica* 79 (315): 516–33.

Kopczuk, Wojciech. 2001. Redistribution when avoidance behavior is heterogeneous. *Journal of Public Economics* 81 (1): 51–71.

Kopczuk, Wojciech. 2005. Tax bases, tax rates and the elasticity of reported income. *Journal of Public Economics* 89 (11–12): 2093–2119.

Kopczuk, Wojciech, and Cristian Pop-Eleches. 2007. Electronic filing, tax preparers and participation in the earned income tax credit. *Journal of Public Economics* 91 (7–8): 1351–67.

Kopczuk, Wojciech, and Joel Slemrod. 2003. Dying to save taxes: Evidence from estate-tax returns on the death elasticity. *Review of Economics and Statistics* 85 (2): 256–65.

Kopczuk, Wojciech, and Joel Slemrod. 2011. Taxation of family firms. Working paper. University of Michigan.

KPMG. 2012. Corporate and indirect tax survey 2012. KPMG International. Available at: www.kpmg.com/Global/en/IssuesAndInsights/ArticlesPublications/Documents/corporate-indirect-tax-survey.pdf.

Kraakman, Reinier H. 1986. Gatekeepers: The anatomy of a third-party enforcement strategy. *Journal of Law, Economics, and Organization* 2: 53–104.

Krishna, Aradhna, and Joel Slemrod. 2003. Behavioral public finance: Tax design and price presentation. *International Tax and Public Finance* 10 (2): 189–203.

Krugman, Paul. 1980. Scale economies, product differentiation, and the pattern of trade. *American Economic Review* 70 (5): 950–59.

LaLumia, Sara, and James M. Sallee. 2013. The value of honesty: Empirical estimates from the case of the missing children. *International Tax and Public Finance* 20 (2): 192–224.

Lancaster, Kelvin J. 1966. A new approach to consumer theory. *Journal of Political Economy* 74 (2): 132–57.

Lancaster, Kelvin J. 1975. Socially optimal product differentiation. *American Economic Review* 65 (4): 567–85.

Lee, Kangoh. 1998. Tax evasion, monopoly, and nonneutral profit taxes. *National Tax Journal* 51 (2): 333–38.

Legislative Analyst's Office. 2011. California's use tax. Presented to Assembly Revenue and Taxation Committee, Hon. Henry T. Perea, Chair. Available at: www.lao.ca.gov/handouts/Econ/2011/CA_Use_Tax_2_28_11.pdf.

Lenter, David, Douglas Shackelford, and Joel Slemrod. 2003. Public disclosure of corporate tax return information: Accounting, economics and legal issues. *National Tax Journal* 56 (4): 803–30.

Levi, Margaret. 1998. A state of trust. In Valerie Braithwaite and Margaret Levi, eds., *Trust and Governance*. New York: Russell Sage Foundation, 77–101.

Leviner, Sagit. 2008. An overview: A new era of tax enforcement—from "big stick" to responsive regulation. *Regulation and Governance* 2 (3): 360–80.

Liebman, Jeffrey B., and Richard J. Zeckhauser. 2004. Schmeduling. Working paper. Harvard University.

Loewenstein, George, Deborah A. Small, and Jeff Strnad. 2006. Statistical, identifiable, and iconic victims. In Edward J. McCaffery and Joel Slemrod, eds., *Behavioral Public Finance*. New York: Russell Sage, 32–46.

Logue, Kyle D., and Joel Slemrod. 2008. Genes as tags: The tax implications of widely available genetic information. *National Tax Journal* 61 (4, pt. 2): 843–63.

Logue, Kyle D., and Joel Slemrod. 2010. Of Coase, Calabresi and optimal tax liability. *Tax Law Review* 63 (4): 797–866.

Long, Susan B. 1981. The extent of criminal tax violations. *Tax Notes*: 1325–26.

Lupia, Arthur. 2001. What we should know: Can ordinary citizens make extraordinary choices? Working paper. University of California, San Diego. Available at: www-personal.umich.edu/~lupia/what.pdf.

MacKie-Mason, Jeffrey K., and Roger H. Gordon. 1997. How much do taxes discourage incorporation? *Journal of Finance* 52 (2): 477–505.

Maki, Dean M. 1996. Portfolio shuffling and tax reform. *National Tax Journal* 49 (3): 317–29.

Mankiw, N. Gregory, and Matthew Weinzierl. 2010. The optimal taxation of height: A case study of utilitarian income redistribution. *American Economic Journal: Economic Policy* 2 (1): 155–76.

Martinez-Vazquez, Jorge. 1996. Who benefits from tax evasion? The incidence of tax evasion. *Public Economics Review* 1 (2): 105–35.

Mayshar, Joram. 1991. Taxation with costly administration. *Scandinavian Journal of Economics* 93 (1): 75–88.

McCaffery, Edward J. 1993–1994. Cognitive theory and tax. *UCLA Law Review* 41: 1861–1947.

McCulloch, John R. [1845] 1975. *A Treatise on the Principles and Practical Influence of Taxation and the Funding System*. Denis P. O'Brien, ed. Edinburgh: Scottish Academic Press.

McLure, Charles E., Jr. 2002. Thinking straight about the taxation of electronic commerce: Tax principles, compliance problems, and nexus. In James M. Poterba, ed., *Tax Policy and the Economy*, vol. 16. Cambridge: MIT Press, 115–40.

Melumad, Nahum D., and Dilip Mookherjee. 1989. Delegation as commitment: The case of income tax audits. *RAND Journal of Economics* 20 (2): 139–63.

Milgram, Stanley. 1963. Behavioral study of obedience. *Journal of Abnormal and Social Psychology* 67 (4): 371–78.

Milgrom, Paul. 1981. Good news and bad news: Representation theorems and applications. *Bell Journal of Economics* 12 (2): 380–91.

Mirrlees, James A. 1971. An exploration in the theory of optimum income taxation. *Review of Economic Studies* 38 (114): 175–208.

Mookherjee, Dilip, and Ivan Png. 1989. Optimal auditing, insurance, and redistribution. *Quarterly Journal of Economics* 104 (2): 399–415.

Morse, Susan, Stewart Karlinsky, and Joseph Bankman. 2009. Cash businesses and tax evasion. *Stanford Law and Policy Review* 20 (1): 37–68.

Mullainathan, Sendhil, and Richard H. Thaler. 2001. Behavioral economics. In Neil J. Smelser and Paul B. Baltes, eds., *International Encyclopedia of the Social and Behavioral Sciences*. Oxford: Pergamon Press, 1094–1100.

Musgrave, Richard A. 1969. *Fiscal Systems*. New Haven: Yale University Press.

Musgrave, Richard A. 1994. Progressive taxation, equity, and tax design. In Joel Slemrod, ed., *Tax Progressivity and Income Inequality*. Cambridge, UK: Cambridge University Press, 341–56.

National Public Radio, Kaiser Foundation and Kennedy School of Government. 2003. Americans' views on taxes. Available at: www.npr.org/news/specials/polls/taxes2003/index.html.

O'Donnell, Gus. 2004. *Financing Britain's Future: Review of the Revenue Departments. Great Britain Treasury.* Presented to Parliament by the Chancellor of the Exchequer by Command of Her Majesty. London: Stationery Office.

Okun, Arthur M. 1975. *Equality and Efficiency: The Big Tradeoff.* Washington, DC: Brookings Institution.

Oldman, Oliver, and LaVerne Woods. 1983. Would a value-added system relieve tax compliance problems? In Phillip Sawicki, ed., *Income Tax Compliance: A Report of the ABA Section of Taxation Invitational Conference on Income Tax Compliance.* Reston, VA: American Bar Association, 317–38.

Onji, Kazuki. 2009. The response of firms to eligibility thresholds: Evidence from the Japanese value-added tax. *Journal of Public Economics* 93 (5–6): 766–75.

Organisation for Economic Co-operation and Development (OECD). 1998. Harmful tax competition: An emerging global issue. Paris: OECD.

Organisation for Economic Co-operation and Development (OECD). 2009. Withholding & information reporting regimes for small/medium-sized businesses & self-employed taxpayers. Forum on Tax Administration: Compliance Sub-group, Information Note. Available at: www.oecd.org/site/ctpfta/listofftapublications-bysegment.htm.

Organisation for Economic Co-operation and Development (OECD). 2011. Tax administration in OECD and selected non-OECD countries: Comparative Information Series (2010). Available at: www.oecd.org/ctp/administration/CIS-2010.pdf.

Pagano, Patrizio, and Fabiano Schivardi. 2003. Firm size distribution and growth. *Scandinavian Journal of Economics* 105 (2): 255–74.

Palan, Ronen. 2002. Tax havens and the commercialization of state sovereignty. *International Organization* 56 (1): 151–76.

Parcell, Ann D. 1995. *Income Shifting in Response to Higher Tax Rates: The Effects of OBRA 93.* Washington, DC: Office of Tax Analysis, US Department of Treasury.

Peacock, Alan T., and Jack Wiseman. 1961. *The Growth of Public Expenditure in the United Kingdom.* Princeton: Princeton University Press.

Pedone, Antonio. 1981. Italy. In Henry J. Aaron, ed., *The Value Added Tax: Lessons from Europe.* Washington, DC: Brookings Institution, 31–42.

Pencavel, John H. 1979. A note on income tax evasion, labor supply, and nonlinear tax schedules. *Journal of Public Economics* 12 (1): 115–24.

Peralta, Susana, Xavier Wauthy, and Tanguy van Ypersele. 2006. Should countries control international profit shifting? *Journal of International Economics* 68 (1): 24–37.

Phillips, Mark D. 2010. Taxpayer response to targeted audits. Working paper. University of Chicago.

Pirttilä, Jukka, and Hakan Selin. 2011. Income shifting with a dual income tax system: Evidence from the Finnish tax reform of 1993. *Scandinavian Journal of Economics* 113 (1): 120–44.

Pissarides, Christopher A., and Guglielmo Weber. 1989. An expenditure-based estimate of Britain's black economy. *Journal of Public Economics* 39 (1): 17–32.

Pitt, Mark M., and Joel Slemrod. 1989. The compliance cost of itemizing deductions: Evidence from individual tax returns. *American Economic Review* 79 (5): 1224–32.

Plueger, Dean. 2009. Earned income tax credit participation rate for tax year 2005. Internal Revenue Service. Available at: www.irs.gov/pub/irs-soi/09resconeitcpart.pdf.

Polinsky, A. Mitchell, and Steven Shavell. 2000. The economic theory of public enforcement of law. *Journal of Economic Literature* 38 (1): 45–76.

Polinsky, A. Mitchell, and Steven Shavell. 2007. The theory of public enforcement of law. In A. Mitchell Polinsky and Steven Shavell, eds., *Handbook of Law and Economics*, vol. 1. Amsterdam: Elsevier, 403–54.

Pomeranz, Dina D. 2011. No taxation without information: Deterrence and self-enforcement in the value added tax. Working paper. Harvard University.

Rajaraman, Indira. 1995. Presumptive direct taxation: Lessons from experience in developing countries. *Economic and Political Weekly* 30 (18–19): 1103–24.

Ramnath, Shanthi P. 2013. Taxpayers' response to notches: Evidence from the saver's credit. *Journal of Public Economics* 101 (6): 77–93.

Ramsey, Frank P. 1927. A contribution to the theory of taxation. *Economic Journal* 37 (145): 47–61.

Randolph, William C. 1995. Dynamic income, progressive taxes, and the timing of charitable contributions. *Journal of Political Economy* 103 (4): 709–38.

Rice, Eric M. 1992. The corporate tax gap: Evidence on tax compliance by small corporations. In Joel Slemrod, ed., *Why People Pay Taxes: Tax Compliance and Enforcement*. Ann Arbor: University of Michigan Press, 125–61.

Riddell, George Allardice. 1933. *Lord Riddell's Intimate Diary of the Peace Conference and After, 1918–1923*. London: Victor Gollancz.

Robinson, Leslie, and Joel Slemrod. 2012. Understanding multidimensional tax systems. *International Tax and Public Finance* 19 (2): 237–67.

Rosen, Harvey S. 1976. Tax illusion and the labor supply of married women. *Review of Economics and Statistics* 58 (2): 167–72.

Saez, Emmanuel. 2001. Using elasticities to derive optimal income tax rates. *Review of Economic Studies* 68 (1): 205–29.

Saez, Emmanuel. 2010. Do taxpayers bunch at kink points? *American Economic Journal: Economic Policy* 2 (3): 180–212.

Saez, Emmanuel, Joel Slemrod, and Seth Giertz. 2012. The elasticity of taxable income with respect to marginal tax rates: A critical review. *Journal of Economic Literature* 50 (1): 3–50.

Sallee, James M., and Joel Slemrod. 2012. Car notches: Strategic automaker responses to fuel economy policy. *Journal of Public Economics* 96 (11–12): 981–99.

Sanchez, Isabel, and Joel Sobel. 1993. Hierarchical design and enforcement of income tax policies. *Journal of Public Economics* 50 (3): 345–69.

Sandford, Cedric T. 1973. *Hidden Costs of Taxation*. London: Institute for Fiscal Studies.

Sandford, Cedric T. 1995. *Tax Compliance Costs: Measurement and Policy*. Bath, UK: Fiscal Publications.

Sandmo, Agnar. 1976. Optimal taxation: An introduction to the literature. *Journal of Public Economics* 6 (1–2): 37–54.

Sandmo, Agnar. 1981. Income tax evasion, labour supply, and the equity-efficiency tradeoff. *Journal of Public Economics* 16 (3): 265–88.

Sandmo, Agnar. 1993. Optimal redistribution when tastes differ. *FinanzArchiv / Public Finance Analysis* 50 (2): 149–63.

Sausgruber, Rupert, and Jean-Robert Tyran. 2005. Testing the Mill hypothesis of fiscal illusion. *Public Choice* 122 (1–2): 39–68.

Schivardi, Fabiano, and Roberto Torrini. 2008. Identifying the effects of firing restrictions through size-contingent differences in regulation. *Labour Economics* 15 (3): 482–511.

Schneider, Friedrich. 2005. Shadow economies around the world: What do we really know? *European Journal of Political Economy* 21 (3): 598–642.

Scholz, John K. 1994. Tax progressivity and household portfolios: Descriptive evidence from the surveys of consumer finances. In Joel Slemrod, ed., *Tax Progressivity and Income Inequality*. Cambridge, UK: Cambridge University Press, 219–67.

Schwartz, Paul. 2008. The future of tax privacy. *National Tax Journal* 61 (4, pt. 2): 883–900.

Scotchmer, Suzanne. 1987. Audit classes and tax enforcement policy. *American Economic Review* 77 (2): 229–33.

Shaw, Jonathan, Joel Slemrod, and John Whiting. 2010. Administration and compliance. In Stuart Adam, Timothy Besley, Richard Blundell, Stephen Bond, Robert Chote, Malcolm Gammie, Paul Johnson, Gareth Myles, and James Poterba, eds., *Dimensions of Tax Design: The Mirrlees Review*. Oxford: Oxford University Press/Institute of Fiscal Studies, 1100–62.

Sheffrin, Steven M. 1994. Perceptions of fairness in the crucible of tax policy. In Joel Slemrod, ed., *Tax Progressivity and Income Inequality*. Cambridge, UK: Cambridge University Press, 309–34.

Sheffrin, Steven M. 2013. *Tax Fairness and Folk Justice*. Cambridge, UK: Cambridge University Press.

Shoup, Carl, Roy Blough, and Mabel Newcomer. 1937. *Facing the Tax Problem: A Survey of Taxation in the United States and a Program for the Future*. Prepared under the auspices of the Committee on Taxation of the Twentieth Century Fund. New York: Twentieth Century Fund.

Silvani, Carlos, and John Brondolo. 1993. An analysis of VAT compliance. Working paper. Fiscal Affairs Department, IMF.

Sivadasan, Jagadeesh, and Joel Slemrod. 2008. Tax law changes, income-shifting and measured wage inequality: Evidence from India. *Journal of Public Economics* 92 (10–11): 2199–2224.

Slemrod, Joel. 1985. An empirical test for tax evasion. *Review of Economics and Statistics* 67 (2): 232–38.

Slemrod, Joel. 1990. Optimal taxation and optimal tax systems. *Journal of Economic Perspectives* 4 (1): 157–78.

Slemrod, Joel. 1992. Did the Tax Reform Act of 1986 simplify tax matters? *Journal of Economic Perspectives* 6 (1): 45–57.

Slemrod, Joel. 1994. Fixing the leak in Okun's bucket: Optimal tax progressivity when avoidance can be controlled. *Journal of Public Economics* 55 (1): 41–51.

Slemrod, Joel. 1995. What do cross-country studies teach about government involvement, prosperity and economic growth? *Brookings Papers on Economic Activity* 2: 373–415.

Slemrod, Joel. 1996. Which is the simplest tax system of them all? In Henry J. Aaron and William Gale, eds., *The Economics of Fundamental Tax Reform*. Washington, DC: Brookings Institution, 355–91.

Slemrod, Joel. 1998. Methodological issues in measuring and interpreting taxable income elasticities. *National Tax Journal* 51 (4): 773–88.

Slemrod, Joel. 2001. A general model of the behavioral response to taxation. *International Tax and Public Finance* 8 (2): 119–28.

Slemrod, Joel. 2003. Trust in public finance. In Sijbren Cnossen and Hans-Werner Sinn, eds., *Public Finance and Public Policy in the New Century*. Cambridge: MIT Press, 49–88.

Slemrod, Joel. 2004a. The economics of corporate tax selfishness. *National Tax Journal* 57 (4): 877–99.

Slemrod, Joel. 2004b. Written testimony submitted to the Committee on Ways and Means, Subcommittee on Tax Simplification. Washington, DC, June 15.

Slemrod, Joel. 2005. The etiology of tax complexity: Evidence from U.S. state income tax systems. *Public Finance Review* 33 (3): 279–99.

Slemrod, Joel. 2006. The role of misconceptions in support for regressive tax reform. *National Tax Journal* 59 (1): 57–75.

Slemrod, Joel. 2007. Cheating ourselves: The economics of tax evasion. *Journal of Economic Perspectives* 21 (1): 25–48.

Slemrod, Joel. 2008a. Does it matter who writes the check to the government? The economics of tax remittance. *National Tax Journal* 61 (2): 251–75.

Slemrod, Joel. 2008b. Why is Elvis on Burkina Faso postage stamps? Cross-country evidence on the commercialization of state sovereignty. *Journal of Empirical Legal Studies* 5 (4): 683–712.

Slemrod, Joel, and Marsha Blumenthal. 1996. The income tax compliance cost of big business. *Public Finance Quarterly* 24 (4): 411–38.

Slemrod, Joel, Marsha Blumenthal, and Charles Christian. 2001. Taxpayer response to an increased probability of audit: Evidence from a controlled experiment in Minnesota. *Journal of Public Economics* 79 (3): 455–83.

Slemrod, Joel, and Wojciech Kopczuk. 2002. The optimal elasticity of taxable income. *Journal of Public Economics* 84 (1): 91–112.

Slemrod, Joel, and Nikki Sorum. 1984. The compliance cost of the U.S. individual income tax system. *National Tax Journal* 37 (4): 461–74.

Slemrod, Joel, Thor O. Thoresen, and Erlend E. Bø. 2012. Taxes on the Internet: Deterrence effects of public disclosure. Working paper. University of Michigan.

Slemrod, Joel, and Christian Traxler. 2010. Optimal observability in a linear income tax. *Economics Letters* 108 (2): 105–108.

Slemrod, Joel, and Caroline E. Weber. 2012. Evidence of the invisible: Toward a credibility revolution in the empirical analysis of tax evasion and the informal economy. *International Tax and Public Finance* 19 (1): 25–53.

Slemrod, Joel, Caroline E. Weber, and Hui Shan. 2012. The lock-in effect of housing transfer taxes: Evidence from a notched change in D.C. policy. Working paper. University of Michigan.

Slemrod, Joel, and John D. Wilson. 2009. Tax competition with parasitic tax havens. *Journal of Public Economics* 93 (11–12): 1261–70.

Slemrod, Joel, and Shlomo Yitzhaki. 1987. The optimal size of a tax collection agency. *Scandinavian Journal of Economics* 89 (2): 25–34.

Slemrod, Joel, and Shlomo Yitzhaki. 1994. Analyzing the standard deduction as a presumptive tax. *International Tax and Public Finance* 1 (1): 25–34.

Slemrod, Joel, and Shlomo Yitzhaki. 1996. The costs of taxation and the marginal efficiency cost of funds. *International Monetary Fund Staff Papers* 43 (1): 172–98.

Slemrod, Joel, and Shlomo Yitzhaki. 2002. Tax avoidance, evasion, and administration. In Alan J. Auerbach and Martin Feldstein, eds., *Handbook of Public Economics*, vol. 3. Amsterdam: Elsevier, 1423–70.

Stiglitz, Joseph E. 1982. Utilitarianism and horizontal equity: The case for random taxation. *Journal of Public Economics* 18 (1): 1–33.

Stiglitz, Joseph E. 1985. The general theory of tax avoidance. *National Tax Journal* 38 (3): 325–38.

Swedish Tax Agency. 2004. *Taxes in Sweden 2003*. Solna: Swedish Tax Agency.

Tait, Alan A. 1988. *Value-Added Tax: International Practice and Problems*. Washington, DC: IMF.

Tanzi, Vito. 1980. The underground economy in the United States: Estimates and implications. *Banco Nazionale del Lavoro Quarterly Review* 135 (2): 427–53.

Tanzi, Vito. 1983. The underground economy in the United States: Annual estimates. *IMF Staff Papers* 30 (2): 283–305.

Tanzi, Vito. 1992. Structural factors and tax revenue in developing countries: A decade of evidence. In Ian Goldin and L. Alan Winters, eds., *Open Economies: Structural Adjustment and Agriculture*, Cambridge, UK: Cambridge University Press, 267–85.

Tanzi, Vito. 1999. Uses and abuses of estimates of the underground economy. *Economic Journal* 109 (456): F338–47.

Tax Foundation. 2012. State and local sales taxes at midyear 2012. Available at: taxfoundation.org/article/state-and-local-sales-taxes-midyear-2012.

Torgler, Benno. 2003. Tax morale, rule-governed behaviour, and trust. *Constitutional Political Economy* 14 (2): 119–40.

Torgler, Benno. 2004. Moral suasion: An alternative tax policy strategy? Evidence from a controlled field experiment. *Economics of Governance* 5 (3): 235–53.

Tybout, James R. 2000. Manufacturing firms in developing countries: How well do they do, and why? *Journal of Economic Literature* 38 (1): 11–44.

Tyler, Tom R. 2006. *Why People Obey the Law*. Princeton: Princeton University Press.

Usher, Dan. 1986. Tax evasion and the marginal cost of public funds. *Economic Inquiry* 24 (4): 563–86.

Ventry, Dennis J., Jr. 2011. Americans don't hate taxes, they hate paying taxes. *University of British Columbia Law Review* 44 (3): 835–89.

Wagner, Adolph. [1883] 1958. *Finanzwissenschaft*, 3rd ed. Leipzig. Excerpted in Richard A. Musgrave and Alan T. Peacock, *Classics in the Theory of Public Finance*. London: Macmillan.

Webber, Carolyn, and Aaron B. Wildavsky. 1986. *History of Taxation and Expenditure in the Western World*. New York: Simon and Schuster.

Weisbach, David A. 1994–1995. Tax responses to financial contract innovation. *Tax Law Review* 50: 491–544.

Weisbach, David A. 1999. Formalism in the tax law. *University of Chicago Law Review* 66: 860–86.

Weiss, Laurence. 1976. The desirability of cheating incentives and randomnness in the optimal income tax. *Journal of Political Economy* 84 (6): 1343–52.

Wilson, John D. 1989. On the optimal tax base for commodity taxation. *American Economic Review* 79 (5): 1196–1206.

Wilson, John D. 1999. Theories of tax competition. *National Tax Journal* 52 (2): 269–304.

Wilson, John D., and David E. Wildasin. 2004. Capital tax competition: Bane or boon. *Journal of Public Economics* 88 (6): 1065–91.

Yaniv, Gideon. 1988. Withholding and non-withheld tax evasion. *Journal of Public Economics* 35 (2): 183–204.

Yaniv, Gideon. 1992. Collaborated employee–employer tax evasion. *Public Finance* 47 (2): 312–21.

Yelowitz, Aaron S. 1995. The Medicaid notch, labor supply, and welfare participation: Evidence from eligibility expansion. *Quarterly Journal of Economics* 110 (4): 909–39.

Yitzhaki, Shlomo. 1974. A note on "Income tax evasion: A theoretical analysis." *Journal of Public Economics* 3 (2): 201–202.

Yitzhaki, Shlomo. 1979. A note on optimal taxation and administrative costs. *American Economic Review* 69 (3): 475–80.

Yitzhaki, Shlomo. 1987. On the excess burden of tax evasion. *Public Finance Quarterly* 15 (2): 123–37.

Yitzhaki, Shlomo. 2007. Cost–benefit analysis of presumptive taxation. *FinanzArchiv: Public Finance Analysis* 63 (3): 311–26.

Zee, Howell. 2005. Simple analytics of setting the optimal VAT exemption threshold. *De Economist* 153 (4): 461–71.

图书在版编目(CIP)数据

税制分析/(美)乔尔·斯莱姆罗德,(美)克里斯汀·吉里泽尔著;李建军等译.—上海:格致出版社:上海人民出版社,2019.3
(当代经济学系列/陈昕主编.当代经济学译库)
ISBN 978-7-5432-2962-4

Ⅰ.①税… Ⅱ.①乔… ②克… ③李… Ⅲ.①税收制度-研究 Ⅳ.①F810.422

中国版本图书馆 CIP 数据核字(2019)第 015946 号

责任编辑 程 倩
装帧设计 王晓阳

税制分析
[美]乔尔·斯莱姆罗德 克里斯汀·吉里泽尔 著
李建军 岳媛媛 刘元生 等译

出　　版 格致出版社
上海三联书店
上海人民出版社
(200001 上海福建中路 193 号)
发　　行 上海人民出版社发行中心
印　　刷 苏州望电印刷有限公司
开　　本 710×1000 1/16
印　　张 12.75
插　　页 3
字　　数 193,000
版　　次 2019 年 3 月第 1 版
印　　次 2019 年 3 月第 1 次印刷
ISBN 978-7-5432-2962-4/F·1195
定　　价 58.00 元

Tax Systems

By Joel Slemrod and Christian Gillitzer

上海市版权局著作权合同登记号　图字　09-2019-018

当代经济学译库

税制分析/乔尔·斯莱姆罗德等著
不平等测度(第3版)/弗兰克·A.考威尔著
社会动力学——从个体互动到社会演化/布赖恩·斯科姆斯著
创新力微观经济理论/威廉·鲍莫尔著
货币和金融机构理论(第3卷)/马丁·舒贝克著
冲突与合作——制度与行为经济学/阿兰·斯密德著
产业组织/乔治·J.施蒂格勒著
个人策略与社会结构:制度的演化理论/H.培顿·扬著
科斯经济学——法与经济学和新制度经济学/斯蒂文·G.米德玛编
经济学家和说教者/乔治·J.施蒂格勒著
管制与市场/丹尼尔·F.史普博著
比较财政分析/理查德·A.马斯格雷夫著
议价与市场行为——实验经济学论文集/弗农·L.史密斯著
内部流动性与外部流动性/本特·霍姆斯特罗姆　让·梯若尔著
产权的经济分析(第二版)/Y.巴泽尔著
暴力与社会秩序/道格拉斯·C.诺思等著
企业制度与市场组织——交易费用经济学文选/陈郁编
企业、合同与财务结构/奥利弗·哈特著
不完全合同、产权和企业理论/奥利弗·哈特等编著
理性决策/肯·宾默尔著
复杂经济系统中的行为理性与异质性预期/卡尔斯·霍姆斯著
劳动分工经济学说史/孙广振著
经济增长理论:一种解说(第二版)/罗伯特·M.索洛著
偏好的经济分析/加里·S.贝克尔著
人类行为的经济分析/加里·S.贝克尔著
演化博弈论/乔根·W.威布尔著
社会主义经济增长理论导论/米哈尔·卡莱斯基著
工业化和经济增长的比较研究/钱纳里等著
发展中国家的贸易与就业/安妮·克鲁格著
企业的经济性质/兰德尔·克罗茨纳等著
经济发展中的金融深化/爱德华·肖著
不完全竞争与非市场出清的宏观经济学/让帕斯卡·贝纳西著
企业、市场与法律/罗纳德·H.科斯著
发展经济学的革命/詹姆斯·A.道等著
经济市场化的次序(第二版)/罗纳德·I.麦金农著
论经济学和经济学家/罗纳德·H.科斯著
集体行动的逻辑/曼瑟尔·奥尔森著
企业理论/丹尼尔·F.史普博著

经济机制设计/利奥尼德·赫维茨著
管理困境：科层的政治经济学/盖瑞·J.米勒著
制度、制度变迁与经济绩效/道格拉斯·C.诺思著
财产权利与制度变迁/罗纳德·H.科斯等著
市场结构和对外贸易/埃尔赫南·赫尔普曼 保罗·克鲁格曼著
贸易政策和市场结构/埃尔赫南·赫尔普曼 保罗·克鲁格曼著
社会选择理论基础/沃尔夫·盖特纳著
拍卖理论(第二版)/维佳·克里斯纳著
时间：均衡模型讲义/彼得·戴蒙德著
托克维尔的政治经济学/理查德·斯威德伯格著
资源基础理论：创建永续的竞争优势/杰伊·B.巴尼著
投资者与市场——组合选择、资产定价及投资建议/威廉·夏普著
自由社会中的市场和选择/罗伯特·J.巴罗著
从马克思到市场：社会主义对经济体制的求索/W.布鲁斯等著
基于实践的微观经济学/赫伯特·西蒙著
企业成长理论/伊迪丝·彭罗斯著
私有化的局限/魏伯乐等著
所有权、控制权与激励——代理经济学文选/陈郁编
财产、权力和公共选择/A.爱伦·斯密德著
经济利益与经济制度——公共政策的理论基础/丹尼尔·W.布罗姆利著
宏观经济学：非瓦尔拉斯分析方法导论/让帕斯卡·贝纳西著
一般均衡的策略基础：动态匹配与讨价还价博弈/道格拉斯·盖尔著
资产组合选择与资本市场的均值——方差分析/哈利·M.马科维兹著
金融理论中的货币/约翰·G.格利著
货币和金融机构理论(第1卷、第2卷)/马丁·舒贝克著
家族企业：组织、行为与中国经济/李新春等主编
资本结构理论研究译文集/卢俊编译
环境与自然资源管理的政策工具/托马斯·思德纳著
环境保护的公共政策/保罗·R.伯特尼等著
生物技术经济学/D.盖斯福德著